TELEPATÍA Y CLARIVIDENCIA

William Walker Atkinson

WILLIAM - W. ATKINSON

Telepatía y Clarividencia

VERSIÓN Y ADAPTACIÓN
DE
D. AGUSTIN DE MENA Y DEL VALLE

FELIU Y SUSANNA. — EDITORES
RONDA DE SAN PEDRO, 36. — BARCELONA

Editorial MAXTOR
Fray Luis de León, 20
47002 Valladolid (España)
+34 983 090 110
pedidos@maxtor.es
www.maxtor.es

I.S.B.N. 978-84-9761-610-2
depósito legal: VA-555-2009

ÍNDICE

PREFACIO

La clarividencia, telepatía, telikenesia y demás fenómenos de transmisión del pensamiento y la voluntad, según desde el punto de vista que se les considere, tienen fervientes adeptos o encarnizados detractores.

La lucha de los dos partidos no deja de ser curiosa. Por un lado unos hombres, proclamándose a sí mismos poseedores de los secretos de la Ciencia, todo cuanto ésta en su estado actual no les explica satisfactoriamente lo disputan falso e inexistente; se les hace ver la verdad y la existencia de lo que niegan, y recurren entonces a achacar a fraude y superchería los hechos de cuya evidencia responde el testimonio de respetables firmas.

Por otro lado, otros hombres llenos de entusiasmo, de convicción, de buena fe, aceptan, con ligereza en ocasiones, pruebas que no lo son bastante y dan pie a dudas y excepticismos por parte de los que en acecho de un renuncio tienen la fortuna de dar con él.

De ahí nace ese estado de incertidumbre en que desde largos años vive la humanidad respecto a los fenómenos que son objeto de examen en el presente volumen.

¿Qué hay de cierto en todo ello?

Todo, para los creyentes; Nada, para los descreídos; Mucho para quienes, desapasionadamente observan los hechos e investigan en su propio recuerdo, pues no hay nadie que no haya experimentado, más o menos atenuado, alguno de los fenómenos puestos en tela de juicio.

Veamos, antes de entrar en materia, cuál es el estado de la cuestión en estos momentos presentes.

Sea Howard C. Warren el que nos diga lo que opina la ciencia materialista respecto a la transmisión del pensamiento.

Dice así en su Psicología, última edición:

"El organismo y su medio ¿pueden ejercer uno sobre otro una influencia psicológica sin utilizar los sistemas de conducción sensorial o motor?" No se pone este problema únicamente en la hipótesis de la interacción, aun proponiéndolo al del paralelismo o el del doble aspecto, es legítimo preguntarse si el sistema nervioso central y el medio no obran uno sobre el otro tan sólo valiéndose de los nervios.

En toda investigación científica, hay que reunir los casos análogos, examinar su valor, luego compararlos.

El problema de la transmisión del pensamiento pone dos cuestiones de hecho:

1.° ¿Es posible que el cerebro o la consciencia reciba directamente impresiones del mundo exterior? ¿Hay *telepatía?*

2.° ¿El cerebro es capaz de producir directamente modificaciones en el mundo exterior? ¿Hay *telikenesia?*

La telepatía, mucho más estudiada que la telikenesia, no ha alcanzado más que a los fenómenos sociales y más particularmente sobre transmisiones de pensamiento.

Las Sociedades de Investigaciones Psíquicas dan a conocer cada año un número de casos en los que parece que los individuos, por medios que excluyen la hipótesis de una comunicación sensorial ordinaria, han tenido conocimiento de hechos ocurridos a distancia.

En el instante preciso en que este suceso se produce, un hombre ha soñado que su madre estaba moribunda, o pretende que ese pensamiento le ha sobrevenido y preocupado en estado de vigilia.

Ciertos "clarividentes" manifiestan que poseen la facultad de leer cartas con los ojos vendados, de describir un objeto que está en otra habitación, de conocer el pensamiento ajeno, etc.

Las reseñas que relatan hechos análogos, observados por hombres avezados a los métodos científicos y cuya buena fe no es posible ponerla en duda, llenarían volúmenes enteros.

Los psicólogos titubean en pronunciarse respecto a las experiencias de este género. William James que estimulaba estas investigaciones, no ha dado nunca su opinión acerca de ellas y la mayor parte de nuestros contemporáneos continúan en su escepticismo.

Nosotros no hemos mencionado en este libro (Tratado de Psicología) esos fenómenos, porque su existencia no nos parece comprobada. Entre ellos, muchos pueden, con efecto, explicarse por acciones físicas, y según todas las apariencias, los otros tampoco son sobrenaturales. Las razones que se oponen a la hipótesis de una transmisión telepática son las siguientes:

1.ª *Errores de memoria.*—En muchos casos se ha probado que la supuesta coincidencia no era más que un error. El pensamiento de la muerte de un amigo ha precedido o seguido al suceso; después, en el recuerdo, los dos instantes se confunden.

2.ª *Coincidencias fortuitas.* — Las estadísticas son necesariamente inexactas. Cuando la muerte de una persona comprueba una previsión, la coincidencia llama poderosamente la atención: se recuerda y se publica el hecho. En el caso contrario, generalmente se limita la publicidad de los errores. La previsión de lo que verosimilmente debe ocurrir disminuye también el valor de ciertas coincidencias. Cuando un amigo está gravemente enfermo, es natural que se piense en la posibilidad de su muerte.

3.ª *Connivencia y fraude.* — Las experiencias científicas no debían hallarse expuestas a objeciones de ese género; pero en muchas investigaciones psíquicas se ha demostrado o bien que un cómplice daba al sujeto datos y señales por las vías sensoriales ordinarias, o que el mismo sujeto se había servido de sus sentidos (mirando por debajo de la venda, subsituyendo un sobre por otro) etc...

Aun tratándose de personas honradas y convencidas es grande la tentación de realizar, sea como fuere, fenómenos impresionantes.

No es fácil decir hasta qué punto esta sospecha puede aplicarse a las investigaciones concienzudas. Los miembros de las Sociedades de Investigaciones Científicas, no deben ser sospechosos; pero la lealtad de sus mediums ya no es tan evidente. Por otra parte los experimentadores, los testigos, por listos que sean ¿conocen todas las variedades posibles de fraudes?

4.ª *Impulsos sensoriales inadvertidos.*—De ordinario el pensamiento tiene por punto de partida impulsos sensoriales, y resulta de cambios en sus modalidades. Pero cuando, por ejemplo, leemos, es raro que nos fijemos en los tipos de imprenta. Hay ocasiones en que no leemos frases enteras palabra por palabra: las excitaciones se transforman en seguida en pensamientos y en imágenes.

Nuestros pensamientos pueden determinar en nuestro organismo modificaciones diversas, bastante manifiestas a veces para dar indicaciones sensoriales, pero tan débiles con frecuencia que, otra persona, a pesar de todos sus esfuerzos para no dejar escapar ningún indicio, no podría advertirlas.

Sin embargo, en ciertos estados de hiperestesia, hay sujeto que se revela capaz de distinguir entre dos hojas de papel blanco que todos los presentes confunden: ¿no podría, pues, ese sujeto, interpretar los movimientos apenas perceptibles de los músculos de la fonación que acompañan al pensamiento? Las modificaciones respiratorias, los cambios de actitud casi imperceptibles, pueden proporcionar a un observador ejercitado indicaciones preciosas. ¿No nos damos todos cuenta muchas veces del estado de "tensión" nerviosa de la gente que nos rodea, como también nos expansionamos en una "atmósfera de simpatía", aunque en ambos casos los signos distintivos de la situación sean demasiado vagos para poderse expresar por medio del lenguaje?

La influencia de los factores marginales y subliminales sobre la dirección de nuestros pensamientos es mucho más grande y más general que de ordinario se cree. Parece, pues, posible explicar ciertos fenómenos de telepatía por la percepción de datos sensoriales generalmente inadvertidos, sin que sea necesario suponer una comunicación de otra naturaleza.

5.ª *Sentido en el cual la evolución se ha efectuado.*—El mundo vivo ha acabado por crear mecanismos extremamente complejos: receptores, vías sensitivas, centros, la función de los cuales es recibir, transformar, conducir y combinar ciertas manifestaciones de la energía exterior.

Sin duda estos mecanismos lentamente perfeccionados son el resultado de variaciones, inexplicables por motivos teleológicos, sobre las cuales la selección ha influído.

Si existe entre los organismos un medio más sencillo de comunicar, ¿no es extraño que en el curso de la evolución no se haya desarrollado ningún aparato para ello? Y por otra parte, ¿cómo explicarse que una relación semejante, si existe, no sea un importante factor en la vida mental de alguna especie actualmente existente? En otros términos, el hecho de que, en *todas* las especies superiores ha debido desarrollarse un sistema nervioso complejo, constituye un boceto de prueba contra la existencia del aparato receptor más inmediato que supone la telepatía.

La *telekinesia* o manera de poner en movimiento los objetos por la sola influencia de las voliciones ha sido menos estudiada. Sin embargo, cuando se trata de mover masas inorgánicas, los fenómenos pueden someterse a experiencias rigurosas. Se citan casos en que un objeto (balanza o péndulo) han sido puestos en movimiento por la sola influencia del pensamiento o de la voluntad del experimentador.

Los físicos, en su mayoría, sólo con reservas han admitido resultados que les parecían obtenidos mediante una experimentación insuficiente. Esas investigaciones merecerían ser repetidas. Actualmente se llevan a cabo en la Universidad de Harwaral."

Hasta aquí Warren.

No nos detendremos a refutar sus aserciones. En este prefacio nos limitamos a exponer los diversos modos de pensar de los hombres de ciencia dignos de nuestra consideración, con el objeto de que el lector no pueda decir que le escamoteamos las opiniones en pugna con la que aquí sostenemos.

Oigamos ahora la que nos dice el sabio profresor Lombroso, en su comentado libro "*Hipnotismo* y *Espiritismo*":

"Nadie ha sido más hostil que yo al espiritismo, por la educación científica y las tendencias. Siempre había mirado como un axioma que toda fuerza es propiedad de la materia y todo pensamiento una función del cerebro, y me había burlado constantemente de los veladores giratorios. Pero la pasión de la verdad y del hecho comprobado ha vencido mi fe científica.

De ahí que después de haber sido adversario del espiritismo, hasta el punto de negar todas las experiencias y de negarme a asistir a ninguna, he podido comprobar desde 1882 hechos psíquicos extraños que la ciencia no puede explicar y de los que únicamente le es posible decir que acompañan a la histeria y a la hipnosis.

En este mismo año de 1882, me llamaron una mañana de casa de la señorita C. S., de catorce años de edad, de padre inteligente y activo y de madre lúcida y vigorosa, pero cuyos dos hermanos habían experimentado un crecimiento anormalmente rápido en el momento de la pubertad con perturbaciones pulmonares. Esta muchacha, bonita de cara, y de 1,54 metros de estatura también había crecido bruscamente 15 centímetros en el momento de la pubertad. Las primeras reglas fueron acompañadas de síntomas histéricos, con vómitos y dispepsia. Al cabo de dos meses vinieron accesos de convulsiones histéricas y de hiperestesia que le hacían creer que un hilo que tuviera en las manos era una barra de hierro.

Al mes siguiente se manifestaron la ceguera y puntos histéricos en los dedos, a los que bastaba tocar para obtener convulsiones, movimientos reflejos intensos de las piernas, contracción y brusco aumento de la fuerza muscular de 32 a 47 kilogramos en el dinamometro, a la sola presión de la mano.

Entonces fué cuando empezó a manifestar fenómenos extraordinarios. Después de los accesos sonambúlicos, acompañados de aumento de actividad, de afectividad y de diversos cambios en el carácter, perdió la visión por los ojos al mismo tiempo que adquiría la facultad de ver por la punta de la nariz y el lóbulo izquierdo de la oreja, conservando siempre la misma acuidad visual (7.° grado de la escala de Yäger). Así es como pudo leer una carta y distinguir las cifras de un dinamometro.

Tenía una mímica curiosa para reaccionar a las excitaciones dirigidas a esos órganos que llamaremos provisionales o traspuestos. Por ejemplo, un dedo, o mejor, un rayo de luz dirigidos a la oreja o la nariz la hacían irritarse, gritar que la querían dejar ciega, avanzar el brazo en un ademán de defensa.

La misma trasposición en el olfato. Ninguna reacción con la asafétida o el amoníaco aplicado a la nariz, mientras que otras materias de olor más suave aplicadas a la barbilla la afectaban vivamente. Más tarde el olfato se trasladó al talón, y entonces todo olor desagradable la hacía mover los pies y todo el cuerpo; y si el olor era agradable permanecía inmóvil, sonriente y respirando con viveza.

Vino luego la lucidez profética, que le hacía predecir exactamente, a veces con quince días de anticipación, el día y la hora de sus accesos y el metal que había de calmarla. Más tarde previó respecto a su padre y a su hermano hechos que tuvieron lugar al cabo de dos años. También pudo ver a distancia sucesos en el mismo momento en que ocurrían (1).

* * *

Estos fenómenos no son casos aislados. Ya en 1808, Petetin había estudiado ocho mujeres en estado cataléptico, en las que los sentidos externos estaban trasladados al epigastrio y a los dedos de los pies y de las manos.

Carmagnola en 1840, cita un caso análogo al nuestro. Se trata de una muchacha de catorce años que había empezado también a menstruar desde hacía poco, y presentaba tos convulsiva, cefalalgia, espasmos, disnea, convulsiones del rostro acompañadas de cantos, sueños que a veces duraban tres días, y accesos sonambúlicos durante los cuales veía perfectamente con la mano y leía en la obscuridad. En ella,

(1) Estos fenómenos de clarividencia, de clariaudinecia y de Telepatía que algunos afectan desdeñar, hoy como siempre se producen y preocupan a los pensadores lo mismo que a los artistas. El famoso novelista estadounidense Roberto W. Chambers en su preciosa novela *Athalie* trata este asunto de manera magistral e interesante, como también en su novela *En la línea de fuego,* tan llena de encanto y de misterio.

como en nuestra C. S., la aplicación del oro y de la plata calmaba la agitación y le devolvía la alegría.

Depide nos habla de una Estelle de Neuchatel, de once años, que se hizo parética a consecuencia de una herida en la espalda y que mejoró con los baños de Aix, en la que la magnetización producía la transferencia del oído a las manos, codos, hombros y, durante la crisis letárgica, al epigastrio, con excitación muscular bajo la influencia del oro.

El doctor Angonoa estudió en 1840 a la llamada G. L., de catorce años, neurótica a consecuencia de una pena. En estado sonambúlico, veía con la nuca y el epigastrio, en el sueño sonambúlico, y sentía los olores con los pies. Decía que veía en el interior de su cuerpo treinta y tres gusanos que expulsó poco después.

Estos hechos recuerdan, por otra parte, lo que ya se sabía de los sonámbulos, los cuales distinguen los objetos con los ojos cerrados y evidentemente ven por otra parte.

Preyer y Berger y más recientemente Heindenhain, han observado hechos semejantes, que creen poder explicar por la hiperestesia táctil y visual notada en esos casos; pero esta explicación es aplicable cuanto más a la visión en una habitación obscura, pero no a la transferencia de las sensaciones en el caso en que la sensibilidad táctil y visual no forman más que una. Aquí la percepción visual tiene lugar en dos puntos de la piel, mientras que la sensibilidad táctil es mediocre y no explica en modo alguno la lectura de un manuscrito.

Si los autores modernos no han tenido en cuenta estos casos y si Hase los ha considerado como ilusiones, es por una tendencia laudable, aunque exagerada, a no admitir más que aquellos hechos que se puedan explicar científicamente. Y la verdad es que no se puede dar explicación científica a esos hechos que se encuentran en el umbral del mundo que con razón se debe llamar oculto puesto que no se explica.

Tan sólo parcialmente puede explicarse la lucidez como una especie de autosugestión, como por una más grande intensidad de esta consciencia instintiva que hace al moribundo más atento a su postrer momento. La extraordinaria excitación del estado sonambúlico da además una consciencia más clara del organismo en donde están inscritas en potencia las fases sucesivas de la neurosis.

Hay que unir a estos hechos un fenómeno observado por vez primera por Salvioli, por la relación que con ellos pueda tener. Durante el sueño el flujo sanguíneo al cerebro es mayor que en estado de vigilia, lo cual hace que aumente la actividad psíquica lo mismo que la excitabilidad muscular.

Pero esta explicación no es válida cuando la lucidez aumenta hasta el punto de hacer ver los sucesos con anticipación, y tampoco puede darnos cuenta científicamente de la transferencia de los sentidos.

Lo mismo se observa respecto a los casos de transmisión de pensamiento.

Con Grimaldi he estudiado el caso de E. B. de Nocera, de veintidós años de edad, que se hizo histérico a consecuencia de un amor contrariado. De notar en este sujeto: facies muy asimétrica, aspecto femenino, sensibilidad para los metales, sobre todo cobre y oro, simpatías y antipatías excesivas, fobia de la obscuridad, humor muy variable. Sugestionable hasta el punto de que se le puede ordenar que permanezca insensible a los pinchazos y a los cortes, también es capaz de transferencia de sensaciones y de transmisión de pensamiento. Adivina las palabras y los nombres que otros han pensado, y puede reproducir más o menos bien las figuras que le dibujan bastante lejos detrás de él, mientras tiene los ojos vendados. Paralelogramos, círculos, triángulos, polígonos, conos, son reproducidos bastante bien, con algunas perplejidades en el dibujo. Una figura de hombre, un pájaro, son reproducidos bastante mal, pero sin error respecto al objeto sugerido. Escribe con exactitud los nombres sugeridos: *Margarita* y *Andrés*.

Experiencias recientes de igual clase han sido ejecutadas delante del doctor Guthrie y el profesor Herdmann de la Sociedad inglesa de Investigaciones Psíquicas, y sus reseñas forman un volumen.

El sujeto, miss Relph, se hallaba sentada mientras que los objetos elegidos estaban ocultos por una cortina a su espalda. Las contestaciones respecto a los objetos propuestos, papeles encarnados, azules, etcétera; de formas determinadas, espada, luis de oro, naipes, etc., fueron exactas, excepto titubeos referentes a detalles de formas o colores.

De todos modos el fenómeno va unido al estado hipnótico. He de añadir que de veinte individuos examinados por mí y que han podido adivinar el nombre escrito en una tarjeta, números, etc., doce eran neuropatas, y estos tales los que adivinaban antes y mejor, sobre todo con los ojos vendados y los oídos tapados. En tres de ellos el contacto inmediato facilitaba la lectura, mientras que en otros tres no tenía ninguna influencia. En otro tan sólo la persona amada podía transmitir el pensamiento.

Es de notar que la figura humana se transmite mejor que las figuras geométricas o las flores. En ciertos sujetos la transmisión se facilita por el alcohol y el café. Pero estas observaciones personales valen poco al lado de otras mil análogas, mejor comprobadas, hechas en Inglaterra y en Francia.

En Inglaterra la célebre *Society for Psychical Research* ha experimentado con individuos dormidos y despiertos, haciéndoles dibujar en la pizarra diversas figuras que otros reproducían en el papel en otro piso o en un lugar distante. Y los resultados justos obtenidos de cinco veces una en los sujetos hipnotizados, y de cuarenta y tres una en los despiertos, son más numerosos que lo que indica el cálculo de probabilidades, sin tener en cuenta los semierrores que indican transmisión imperfecta y no ausencia de transmisión.

Richet, Stewart, Ochorowicz, operando con sujetos hipnotizados y con otros despiertos, pero histéricos, consiguieron hacerles adivinar naipes, nombres, números, por transmisión mental.

Esto permite a M. Richet deducir las conclusiones siguientes:

1.° El pensamiento se transmite sin señales exteriores de un individuo a otro;

2.° Esta transmisión varía de intensidad con los individuos y alcanza su intensidad máxima en el estado hipnótico.

Estas transmisiones son todavía más extraordinarias cuando tienen lugar a distancias a veces considerables. Sin nuestro escepticismo se comprobarían con más frecuencia.

En 1887 corrió el rumor de que una niña de Novara había presentido la muerte de su madre que vivía en otro pueblo. De Vesne, encargado de comprobar el caso por la Sociedad Italiana de Ciencias Psíquicas, se convenció de que era exacto. La madre Ana Verretto, a consecuencia de un ataque repentino murió el mismo día. Se telegrafió a su hermana que acudiese con Estela, hija de la difunta. La niña ya muy agitada los días precedentes y queriendo ir a donde estaba su madre, no cesó de decir durante el viaje en el tren: "Mamá ha muerto". El hecho fué certificado por siete testigos.

El ilustre profesor de Sanctis me escribía:

"Me encontraba en Roma sin mi familia que se había quedado en el campo. Como la casa había sido robada el año anterior, mi hermano venía a acostarse allí. Una noche me dijo que iba al teatro Constanzi. Solo en casa empecé a leer y de pronto me sentí sobrecogido por el miedo. Traté de reaccionar y empecé a desnudarme, pero me obsesionaba el pensamiento de que mi hermano estaba en peligro por haberse incendiado el teatro. Apagué la luz, pero cada vez más angustiado la volví a encender contra mi costumbre, decidido a esperar el regreso de mi hermano despierto. Me hallaba tan atemorizado como pueda estarlo un niño. A las doce y media oigo abrir la puerta y cuál no fué mi sorpresa al contarme mi hermano el pánico producido por un amago de incendio que precisamente coincidía con la hora de mi inquietud."

El profesor Mercadino me ha contado lo siguiente de una de sus clientes, cuyos hijos habían emprendido la ascensión del monte Ciwari:

Después de haberse dormido tranquilamente, se despertó excesivamente sobresaltada a las dos de la madrugada, creyendo ver sobre una roca a su hijo Gustavo llorando y negándose a seguir a su hijo César, que le hacía beber un cordial y lo animaba a levantarse. Al día siguiente regresaron los dos hermanos y declararon que la visión era exacta y que César pensaba realmente a las dos: "¡Si nos viera nuestra madre y pudiésemos volver a ver nuestra casa!"

El doctor Pagliani ha observado a una señora llamada Carolina A., de veinticuatro años, casada desde hacía dos, a menudo en catalepsia, a la que bastaba coger la mano de una persona para adivinar sus pensamientos, aun en lengua extraña e ignorada por ella. Ha podido observar Pagliani en este sujeto, que el pensamiento se transmitía a distancia hasta seis metros por medio de un alambre.

Tschurtschenthaler me ha hablado de un niño tirolés histérico, que tenía dos hermanos en América y que de improviso, sin aviso previo, dijo que los veía en el mar, luego desembarcar en Génova, el mismo día y a la misma hora en que el hecho ocurrió efectivamente.

Añadiré dos hechos indiscutibles observados por mí:

Una señora V... hallándose en el teatro en Florencia, se puso a gritar hacia las diez y media, diciendo que veía a su padre enfermo; al llegar a su casa se encontró un telegrama en que se le comunicaba la muerte de su padre a esa hora. La señora V... era histérica.

La señora F. J. tenía una criada a la cual iba a ver todas las noches un soldado con su permiso. Una noche le negó la entrada al militar y formó una barricada tras la puerta, diciendo que había tenido el presentimiento de que la quería robar y asesinar. Más tarde fué comprobado esto, por confesión de la criada que quería huir al extranjero con su amante y el dinero del robo.

Sería fácil explicar todos estos hechos, como yo mismo lo hacía, considerando al pensamiento como una especie de movimiento, lo que hace concebir la transmisión lo mismo a larga que a corta distancia. Pero como la energía de los movimientos vibratorios disminuye con el cuadrado de las distancias, se explica perfectamente que el pensamiento se transmita entre dos puntos próximos, pero no entre dos puntos alejados, sin disminución de intensidad.

De todo esto resulta que las transmisiones del pensamiento generalmente sólo tienen lugar en los sujetos histéricos o hipnotizados.

* * *

¿Cómo explicarse los presentimientos y las predicciones, no sólo en los espíritus elevados, genios y santos, sino también en los enfermos y aun simplemente en sueños, cuando la ideación es vaga y desordenada y la personalidad está desintegrada?

Han llegado hasta mí ejemplos de todas partes, sin buscarlos y a veces rechazándolos.

Un cierto Castagneri señalaba a de Verne, en septiembre de 1886, el caso de una criada llamada B. C., que había soñado que a su madre, vendedora de fruta, le habían robado 300 liras, y que su hermano se había puesto enfermo. Tres días después de ese sueño que la había inquietado recibió una carta confirmándole la realización exacta de lo soñado, como pudieron comprobar varios testigos.

Tuve que visitar al doctor C., joven sabio distinguido, neurópata demostrado (síntomas histéricos y epilépticos desde la pubertad, con signos de degeneración y taras hereditarias). Había notado en él, desde la época de estudiante facultades de previsión que le permitían anunciar a su madre con anticipación la llegada de cartas, y también la visita de personas a las cuales describía exactamente sin haberlas visto nunca. El caso más notable es la predicción del incendio de la exposición de Como ocurrido el 6 de julio de 1894, que él hizo el 4 de febrero del mismo año.

El *Journal of the Society for Psychical Research* de marzo de 1897, cita el caso de una señora de temporada en Trinidad con una niña de diez años. Un día en que se hallaba ésta jugando en la calle cerca de la vía férrea, la madre oyó una voz interior que la advertía que fuese en busca de su hija amenazada de un terrible accidente. Así lo hizo, y media hora después descarrilaba un tren en el mismo punto donde la niña jugaba y allí perecieron tres hombres de la locomotora.

En la historia del bandidaje en Italia de de Vitt se encuentra el caso del teniente Perrino. Soñó éste una noche que él y su ordenanza habían sido cogidos por los bandidos en una expedición contra ellos, y que éstos lo fusilaban atado a un árbol. En la mesa al día siguiente contó su sueño y todos los comensales se rieron de él. Al otro día emprende la compañía de carabineros la persecución de los bandidos y después de una lucha encarnizada con un numeroso grupo de ellos, el teniente y su ordenanza son cogidos, atados a un árbol y fusilados.

Histórico es también el sueño que le hizo encontrar a Jacobo Alighieri trece cantos extraviados de la *Divina Comedia.* Después de morir Dante su hijo se puso a reunir y a ordenar los manuscritos dispersos, y entonces vió que faltaban trece cantos y no le era posible dar con ellos a pesar de todas las pesquisas. Jacobo los daba ya por definitivamente perdidos, cuando una noche tuvo un sueño verdaderamente maravilloso. Le pareció ver a su padre, vestido de blanco y rodeado de una luz sobrenatural, conduciéndole a la alcoba donde dormía mientras vivió e indicarle un escondrijo donde estaban los trece cantos perdidos, los cuales fueron encontrados allí a la mañana siguiente.

* * *

Myers es el que más ha profundizado en el estudio de los misteriosos fenómenos de la lucidez y la profecía en sueño.

Según él el sueño es un estado a veces más lúcido que el de vigilia, a veces inferior y marcado por la desintegración psíquica. No tiene, pues, nada de sorprendente que el éxtasis lúcido o el delirio puedan igualmente substituirse al sueño ordinario.

Como ejemplo de delirio, citaremos el caso, indicado por sir Crichton Browon, de un maníaco que no dormía nunca; se pasaba el día trabajando con los otros obreros y la noche gritando y agitándose, sin sufrir ni disminuir de peso.

Los sueños son, los que en primer término, han inducido al hombre a creer en la existencia de un *yo* inteligente, y siempre se ha creído ver en ellos los presagios de los acontecimientos, aunque no se los haya estudiado de una manera verdaderamente científica (1). Hay también sueños, pero bastante raros, que nos incitan a obrar. El ensueño despier-

(1) S. Freud recientemente en su Introducción a la Psico-Análisis, estudia los sueños detenidamente.

to, puede considerarse como algo intermedio entre el sueño y la vigilia. Se le puede explicar en gran parte:

1.° Por una mayor agudeza de los sentidos, hiperestesia capaz de provocar alucinaciones;

2.° Por una mayor sugestibilidad;

3.° Por la intensificación de la memoria;

4.° Por el *recuerdo de hechos olvidados* (criptomnesia);

5.° Por estímulos y sugestiones de nuestra vida activa de vigilia.

Así se explica que en el sueño se pueda, como los sonámbulos, ver en la obscuridad, sea por alucinación, sea por recuerdos de imágenes que se prolongan en el ensueño, sea por hiperestesia de la retina. Por ejemplo, miss Mazzon, despertada de improviso en una habitación obscura, distingue allí varios objetos, y además dos barras de hierro apoyadas contra una puerta. Se comprende mejor que en estado de vigilia se puedan recordar en sueño los hechos completamente olvidados, así como otros advertidos sin que nos hayan llamado la atención.

Del primer caso ofrece ejemplos Delboeuf que obsesionado en sueño por las palabras *Asplenium Ruta Muralia* e incapaz de descubrir el origen, lo encuentra en seguida en un manuscrito antiguo de su hermano.

Citemos también el caso de Borockelbank que habiendo perdido un cuchillo y buscándolo en vano, sueña que lo ha guardado en un bolsillo del pantalón, donde lo encuentra efectivamente.

Miss Crellin perdió el brillante de una sortija, y en sueños vió el rincón donde se le ha caído, y allí lo encontró a la mañana siguiente.

Miss Flora Tuort, jugando al croquet, perdió una sortija de valor y la vió en sueños sobre un banco que había frente a la casa.

Un niño a quien le habían regalado una sortija la perdió. Por la noche tuvo un sueño vago que olvidó al despertar, y a la noche siguiente ya fué el sueño más preciso y gracias a él encontró la sortija perdida.

Un jardinero yendo a la ciudad perdió en el camino una bolsa con todo el dinero que llevaba y desesperaba de encontrarla por la mucha gente que circulaba. Por la noche vió en sueños el lugar preciso donde la había perdido y la encontró.

Mr. Herbert Seurs perdió una carta importante, la buscó en vano durante todo el día en una habitación. Un sueño a la noche siguiente se la hizo encontrar en un rincón de esa misma habitación.

Estos son casos de criptomnesia, de reviviscencia de la memoria en el sueño. De ese modo se explican los problemas resueltos en sueños (1).

Hayes, artista eminente, enseñaba geometría a sus hijos y no podía encontrar la tercera solución del problema, *tirar una recta sobre un plano,* del que sólo podía citar dos soluciones. Un sueño ulterior le demostró claramente la figura geométrica que daba el tercer caso del problema.

Un cajero, Davey, cometió un error en sus cuentas y durante una semana se atormentó sin poder dar con él. En sueños repasó todos los cálculos y descubrió la equivocación.

Hasta aquí la explicación es fácil, pues se puede recurrir a la intervención del subconsciente que es

(1) Por obra del inconsciente, del subconsciente, de la Consciencia interna, que nunca duerme, que siempre vigila, como hemos demostrado en nuestro libro la *Consciencia Interna.*

el que viene en nuestra ayuda. Pero ¿cómo comprender el conocimiento en sueños de cosas absolutamente ignoradas por el sujeto y la exacta previsión de la fecha de su muerte?

Miss Carletton ve a una amiga en sueños al día siguiente de la muerte de ésta, y la difunta le anuncia que volverá en sueño también veinticuatro horas antes de su muerte, lo que ocurre, en efecto, cuarenta años más tarde.

Miss Arabella Barret vió en sueños a una hija suya muerta, y ésta le predijo que ella moriría a los cincuenta años, como así fué.

Estos casos nos demuestran en el sueño una lucidez verdaderamente inexplicable.

M. Peterson, dedicado a negocios de minas en Bengala, descubre un día en su caja un déficit importante que no puede explicarse. En un sueño, a la noche siguiente, oye pronunciar el nombre Baboo, perteneciente a un individuo que poco después fué reconocido como autor del robo.

Añadamos dos casos recientes, uno de clarividencia a distancia y otro de premonición, en sueño, comprobados por varios testigos en Chicago y en Turín.

Miss Conganzon de Chicago, de diez y nueve años,

vió asesinar en sueños a su hermano Oscar, agricultor en Morengo, a 80 kilómetros de allí, y acusó del asesinato con insistencia a un cultivador vecino. Al principio no le hicieron caso, luego le permitieron que telegrafiase. A su despacho se recibió esta contestación: "Oscar desaparecido". La joven se dirigió entonces a la hacienda de Oscar con uno de sus hermanos y agentes de policía, a los cuales condujo directamente a la casa de un cierto Bedford, en donde descubrieron en la cocina manchas de sangre lavadas. Miss Conganzon no se detuvo allí y se dirigió a un gallinero. Aunque los policías le hicieron observar lo antiguo del pavimento, consintieron en hacer un registro ante la insistencia de la muchacha y su terrible agitación.

—"Aquí es—dijo—donde mi hermano está enterrado."

No encontraron de pronto más que una capa, pero luego, continuando el registro dieron con el cadáver de Oscar enterrado a 1,50 metros de profundidad.

Bedfort fué detenido poco después en Ellis (Nebraska) y reconocida su culpabilidad. Miss Conganzon declaró que el espíritu de su hermano la obsesionaba desde hacía algunos días.

Rosa Tirone, criada histérica, de treinta y cinco años, soñó que un joven de su país, a quien ella quería, le había dicho que jugara a la lotería cuatro números: 4, 53, 25, 30. Poco después la Tirone jugó a esos números que al sábado siguiente salieron premiados.

Este conjunto de hechos permite concluir que existen una serie numerosa de fenómenos a parte de las leyes de la psicofisiología y que tienen por carácter común y constante el manifestarse mejor en los histéricos y neurópatas lo mismo que en la hipnosis y en el sueño. Estos estados se distinguen por la inacción más o menos completa de la ideación normal y por el predominio de la actividad inconsciente. Esto demuestra que una función puede ser sobreactiva cuando su órgano es completamente inactivo.

* * *

Lo que antecede fué publicado por el famoso antropólogo y psiquiatra italiano doctor César Lombroso, en 1909, pero más recientemente vieron la luz los ensayos sobre Clarividencia y Telepatía hechos por el doctor Valdemar V. Warielewski, y a ese volumen lleno de interés y enseñanzas prácticas remitimos al lector, interesado en esta materia. Por nuestra parte nos limitaremos aquí a reproducir sus conclusiones, porque en cierto modo ofrecen una orientación que podíamos llamar intermedia entre la ciencia materialista y la ocultista.

Dice así nuestro autor, después de relatar sus ensayos:

"Al terminar la relación de los hechos concretos observados por nosotros, no hemos de dejar de expresar nuestra firme convicción de que estas observaciones telepáticas difícilmente se prestan para revelar cosas nuevas a los individuos conocedores de la telepatía. Al hacer la comparación entre nuestros ensayos y los que ya fueron publicados hasta ahora por otros autores, creemos observar que algunos de nuestros experimentos sobresalen de la generalidad de los ensayos conocidos, por haber sido efectuados con objetos más complicados. Desde luego, tal diferencia se reduce a una *diferencia de grado.*

Asimismo creemos haber traído algo nuevo, con nuestros ensayos de audición telepática. Por lo menos, en la literatura no hemos visto, hasta ahora, nada que se parezca a dichos ensayos, lo cual, desde luego, no quiere decir que no haya habido investigador que hubiese efectuado semejantes experimentos.

Tal como está hoy día esta ciencia, todo investigador suele empezar sus experiencias desde el principio, desde los primeros y más rudimentarios elementos. Así es que en las publicaciones volvemos a encontrar siempre las mismas cosas iniciales.

Estamos muy lejos de considerar esto como un inconveniente o como un punto flaco. Por el contrario, mientras que subsista en tantos individuos cultos, la duda de si existe o no una telepatía, es muy deseable y oportuno que se comuniquen públicamente hasta los ensayos más rudimentarios y más sencillos.

Nosotros mismos estamos plenísimamente convencidos de que la ciencia de la telepatía está en embrión y que alcanzará, andando el tiempo, una importancia muy grande; podrán los ensayos llegar hasta mucho más allá, pero en primer lugar hemos de salir de este primer estadio de la duda general.

Estamos seguros de que, en efecto, saldremos de este estadio inicial. Y luego habrá llegado la hora de ensanchar eficazmente las investigaciones respecto de una propiedad psíquica, la cual—presentida y afirmada, dudada y rechazada—ha desempeñado desde siempre un papel importantísimo en la historia universal y seguirá desempeñándolo, pese a quien pese.

El lector crítico, con tal de que se coloque en un punto de vista objetivo, no hará hincapié en la aparente contradicción de que hayamos presentado, en estos párrafos dedicados a la telepatía, algunos experimentos que acaso pertenezcan más bien a la esfera de la clarividencia. Nuestra intención era la de hacer experimentos de la telepatía; y repetimos otra vez más, que *todos* los ensayos de telepatía hechos con objetos presentes, están expuestos siempre a la objeción de que sus resultados se hayan logrado con la intervención de la clarividencia, sobre todo, si la persona-médium posee realmente esta última facultad.

El que quiera saber hasta qué punto se ha recurrido ya a la telepatía, para explicar y para explorar las esferas aun poco conocidas de la vida psíquica, hallará muchos datos útiles e interesantes en la obra de Thomson J. Hudson "The Law of Ppsychic Phenomena". Verdad es que este autor trata de un concepto mucho más amplio. Pero aun se habrán de efectuar sistemáticamente numerosos ensayos especiales, para averiguar hasta qué punto puede extenderse el concepto de telepatía y cuáles son sus relaciones para con otras facultades psíquicas o espirituales, como por ejemplo, para con la clarividencia.

Asimismo, falta averiguar si la telepatía es o no un proceso exclusivamente espiritual, o bien si incluye también factores materiales o sensitivos, y cuáles son éstos. Algunas de estas posibilidades se hallan muy bien consideradas en el libro de Sir Oliver Lodge "The Survival of Man", a cuya obra debemos también nosotros mismos nuestros primeros conocimientos en esta ciencia.

En primer lugar, se manifiesta la telepatía en los experimentos conscientes y voluntarios efectuados entre dos personas por lo menos (Lodge organizó también ensayos con la intervención de más personas).

En segundo lugar, se supone que este mismo proceso—la comunicación psíquica entre dos personas, sin intervención de los órganos sensitivos—se verifica también *involuntariamente,* en cuyas ocasiones queda a menudo inconsciente, si bien puede, a veces, llegar a ser percibido por los individuos interesados. Una vez que se haya tenido que admitir la posibilidad de la telepatía, esta segunda suposición ya no contiene contradicción interna alguna, ni tropezará con dificultades teóricas de ninguna clase; por otra parte, esta segunda suposición se presta muy bien para explicarnos de una manera lógica y completamente satisfactoria un sin fin de acontecimientos históricos registrados en todas las eras, acontecimientos interpretados como milagros, como casualidades, superstición, fraudes, etc.

Todo este amplio terreno que se abre ante nuestra vista, constituye un inmenso campo de labor para la investigación severamente científica y desprovista de todo prejuicio.

Además, esta telepatía involuntaria no concierne exclusivamente, y ni siquiera en su mayor parte, a los llamados fenómenos ocultísticos; muy por el contrario, su verdadero campo se halla en medio de la vida diaria y en el trato mutuo de los individuos de todas las categorías, naturalmente no aislada artificialmente, como en el experimento científico, sino como un factor entre otros factores.

Una vez que reconozcamos la posibilidad de una intervención de este factor, se nos explicarán de un modo harto sencillo y natural, un sin fin de fenómenos que, de otra manera, no tienen explicación lógica posible: influencias psíquicas de toda clase, coincidencias extrañas, simpatías, antipatías, experiencias en la enseñanza, etc.

Existe, por último, también una tercera suposición: la de la telepatía *universal*. Según esta teoría, existen personas capacitadas para obtener *cualquier* conocimiento o información, siempre suponiendo que, en cualquier rincón de la tierra, exista otra persona poseedora de dicho conocimiento o información; en cuyo proceso no necesita intervenir conscientemente dicha segunda persona sabedora.

Hemos de confesar que esta tercera suposición nos parece harto exagerada, a pesar de que también nosotros veamos, en la telepatía, un principio explicativo de alcance enorme.

Parece que se ha llegado a tal suposición, para no tener que recurrir a otros principios explicatorios en ciertos fenómenos psíquicos de orden superior, sobre todo también para poder excluir la hipótesis del espiritismo (por ejemplo: en los fenómenos de clarividencia o visión hipnótica del pasado).

Repetimos que la teoría de la telepatía universal nos parece muy atrevida. Para demostrar su razón de ser, tendría que cumplir también la misión que se le señaló, excluyendo realmente la hipótesis espiritista. Sin embargo, son muchos los autores que niegan en absoluto tal exclusión.

Nos interesa resumir nuestras experiencias positivas así como nuestras hipótesis hijas de dichas experiencias, en los siguientes párrafos:

1.º La telepatía—o sea, la comunicación psíquica de dos individuos, sin intervención de los medios de comunicación corrientes, que siempre incluyen la actividad de uno o de varios órganos sensitivos, es un hecho positivo y experimentalmente demostrable.

2.º Ignoramos en absoluto, de qué modo se verifica el proceso telepático. No sabemos, si se trata de un proceso exclusivamente espiritual o psíquico, o si en dicho proceso desempeñan un papel también uno o varios factores intermediarios de caráter material.

Algunos autores, empeñados en descubrir tales intermediarios materiales, han señalado la posible intervención de irradiaciones o de ondas de carácter eléctrico o de otra índole afine. Si así fuese, la eficacia o la intensidad de la telepatía, habría de variar con la distancia interpuesta entre transmisor y médium. La práctica demuestra claramente que dicha distancia no influye de modo alguno sobre el éxito de los experimentos. Por el contrario, la telepatía espontánea se manifiesta con la misma facilidad, sea que ambos individuos se hallen juntos en la misma estancia, sea que les separen centenares y millares de kilómetros.

3.° Prescindiendo de los experimentos intencionados, hemos de creer que la telepatía se manifiesta espontáneamente con mucha frecuencia, a cuyo hecho hemos de atribuir la importancia mayor de esta facultad psíquica.

4.° La telepatía pertenece al estado subconsciente, por debajo del nivel de la consciencia; sólo en casos excepcionales, el fenómeno penetra, más o menos, en el estado consciente del individuo. En ciertas personas, dicha penetración se verifica con frecuencia y acaso también de un modo voluntario. Son éstos los individuos, con los cuales se pueden hacer experimentos de telepatía (médium).

Es éste un detalle de suma importancia. Nosotros estamos casi convencidos de que lo mismo se puede decir respecto de la clarividencia. Todo individuo está, probablemente, sujeto a las influencias telepáticas y clarivisuales, sin darse de ello cuenta alguna.

5.º La rapidez o la lentitud con que puedan conseguirse éxitos más o menos completos, con los experimentos voluntarios, dependen en alto grado de la disposición momentánea de ambos experimentadores o, cuando menos, de la persona receptora o médium. Si ésta está inquieta, distraída o psíquicamente impresionada por otras influencias, los experimentos no darán buenos resultados o fracasarán del todo.

En cambio, no parece que sea necesaria la simpatía personal entre ambos individuos. Tuvimos ocasión de efectuar un breve ensayo con un caballero que apenas conocíamos. El resultado se alcanzó de un modo tan rápido y tan perfecto, que hubimos de sentir mucho el no poder seguir las sesiones, por ausentarse inmediatamente después, dicho caballero.

6.º La experiencia demuestra que, en los experimentos, suele manifestarse al principio una gran inseguridad, un tanteo desorientado, al que sigue luego, más o menos repentinamente, una especie de contacto psíquico con resultados más rápidos y más seguros.

7.º La telepatía no se limita a las figuraciones del sentido de la visión sino que puede, probablemente, interesar también cualquier otra facultad sensitiva. Sin embargo, parece que, respecto de este particular, se registran fuertes diferencias y gradaciones de índole individual.

Los fenómenos de la telepatía y de la clarividencia son tan multilaterales, que su importancia y su significación han de interesar necesariamente a muchísimas esferas de la sociedad humana y de la ciencia en general. Desgraciadamente, hasta ahora, se tropieza muchas veces con el desdén y con la sonrisa de superioridad, no sólo entre los que se dicen cultos, sino a veces entre los que lo son realmente. Sería muy interesante si pudiésemos obtener, para un caso concreto, para un ensayo celebrado ante muchos testigos, profesionales e imparciales de un fisiólogo, de un psicólogo, de un médico, de un naturalista, de un filósofo, de un teólogo y de un teósofo, que todos fuesen realmente competentes y eminentes en sus respectivas ciencias. Porque precisamente esta multilateralidad de la materia en cuestión constituye, para uno solo, por culto que sea, por convencido que esté, una dificultad muy grande, para presentar el asunto de una forma completa y verdaderamente competente.

A los lectores que consideren excesivamente abstractas y puramente filosóficas algunas interpretaciones insinuadas, les brindamos la lectura de los autores e investigadores que han tratado de interpretar de un modo semimaterial los fenómenos extraordinarios e inexplicables. Dichos autores nos ofrecen, entre otras cosas, también una explicación material o semimaterial para la visión de los acontecimientos pasados, conforme se manifiesta también en nuestros ensayos psicométricos. Dicen que todo objeto conserva de algún modo su historia y las imágenes de sus propietarios; emite una especie de emanaciones que pueden ser sentidas como verdaderas imágenes por la vista espiritual de ciertas personas.

De idéntica manera se explican entonces también ciertos fenómenos, como apariciones de duendes o de muertos, que se aparecen a la gente en el mismo sitio.

Estas interpretaciones, que nos abstenemos de criticar, parecen ya constituir un puente que nos conduce a otra interpretación también un poco más concreta, respecto de los fenómenos ocultos. Nos referimos a la teosofía, que supone la existencia de varias esferas (astrales, mentales, etc.), las cuales han de contener antitipos del mundo y de su historia. Así, todos los fenómenos de ocultismo se explican fácilmente: determinadas personas están capacitadas para recibir impresiones procedentes de aquellas esferas superiores.

Nosotros estamos muy lejos de negar la posibilidad de semejante multiplicación de realidades.

¿Por qué no ha de ser posible?

De seguro, la teoría teosófica contiene más de un detalle fundamental muy interesante y muy digno de ser tomado en consideración. Pero ello no demuestra todavía su existencia real.

Mientras que carezcamos de la posibilidad de una

comprobación, la teosofía o antroposofía no es más que un edificio construído con ideas, es una doctrina, si se quiere; pero no es una ciencia.

"Todo juicio, por acertado y exacto que sea, tiene que poder ser comprobado y demostrado, si aspira a constituir parte de un edificio científico."

Hacemos nuestras estas palabras y damos con ellas fin a estas páginas preliminares en las que hemos querido presentar al lector un cuadro imparcial del estado de la cuestión en estos momentos.

Hecho esto, entramos en materia.

I

LA DEFINICIÓN Y OFICIO

La Clarividencia y la Telepatía son comunes en potencia a todos los seres.—Por Naturaleza entendemos el reino de todas las formas de vida.—Definición de la Clarividencia.—Cómo se alcanza la Clarividencia.—Clarividencia y mediumnidad.—La Clarividencia espiritual es el medio de alcanzar el cielo nuevo y la tierra nueva.

CAPITULO I

La Definición y Oficio

Los fenómenos de Clarividencia, Clariaudiencia y Telepatía, vienen desde largo tiempo llamando la atención de los hombres de ciencia y unos les buscan explicación, otros encuentran más cómodo negarlos rotundamente y no faltan los que reconociendo su existencia confiesan que hasta el presente se desconocen sus causas.

En este libro no tratamos ni buscamos hacer lo imposible. Sabemos que la clarividencia, como algunos otros poderes supernormales, son comunes en potencia a todos los seres. Sabemos que cualquiera que sea su definición y empleo, tiene su puesto en la Naturaleza, como lo atestigua la historia de lo considerado "milagroso". Sabemos que el pensamiento es una facultad de la mente negada por los agnósticos y el materialismo científico que sostenían que el espíritu como tal no tiene existencia fuera del cerebro u organismo (posición que ha sido probada como falsa por los fenómenos del hipnotismo, adivinación del pensamiento y telepatía), pero ya al presente está reconocido que la clarividencia es la vista psíquica y, por lo tanto, un hecho.

El fenómeno de clarividencia, aparentemente extraño, aunque según la declaración de algunos hombres de ciencia es el resultado de una acción mental anormal o el producto de una alucinación e histerismo, ha producido una profunda impresión en otros más diligentes, como el eminente profesor Alfredo Wallace, Crookes, Zollner y Hare, que han aplicado el más viejo examen y han averiguado que se trataba de lo que habían supuesto.

Las fases o formas mentales, lo mismo que las físicas, de las manifestaciones del espíritu responden a las pruebas y comprobaciones demostrando que su origen y lugar están en los fenómenos de la Naturaleza.

Sea lo que fuere, el espíritu será la inducción de los hombres de ciencia respecto a su origen y composición; y por eso lo consideramos tan verdadero como cualquiera de los otros llamados elementos, como una esfera en el universo y explicable por su invariable ley. Por Naturaleza entendemos el reino inclusive de todas las formas de vida.

El espíritu demuestra su ser lo mismo que su poder por medio de la Naturaleza, y por su causa o ley, se expresa por sí mismo. Sea como fuere, la Naturaleza recibe el reflejo de ello en su reino de causas y efectos. La Naturaleza es el mar en el que el espíritu flota, como el éter es el medio en que penetra toda materia, y en este mar, como un espejo, el espíritu se revela.

La consciencia se manifiesta en la Naturaleza con no menos interés y obediencia a la ley que los elementos y fuerzas de la Naturaleza.

La Psicología, lo mismo que la Física, pertenece a la Naturaleza y sus procesos; y nada existe en el dominio del ser que no esté comprendido en la Naturaleza.

La dificultad para una clara y perfecta comprensión del espíritu en lo que se refiere a sus fenómenos ha sido, primeramente, las limitaciones que los hombres de ciencia o teólogos han dado a la Naturaleza y la habilidad de ésta para revelar o manifestar el espíritu a través de sus procesos; y en segundo lugar, la falta de percepción de los trabajos interiores o inmanencia del espíritu por el que el mundo de los fenómenos está establecido en y a través del mundo de los siosémenos.

Que existe la causa en la Naturaleza o que ésta debe ser invariable en sus causas, se sigue que ha de rechazarse la alegada intervención sobrenatural o la interposición o interferencia de la Deidad; y que esta es la verdadera concepción de la Naturaleza lo prueba el conocimiento y la experiencia; pero que en la consideración de causa, allí donde la ley es invariable, la ciencia o la teología pueda afirmar la imposibilidad de la fuerza del espíritu como las manifestaciones del espiritismo se exhiben, que no es parte y corolario de esta causa, es indiscutiblemente presuntuoso, sino perjudicial en extremo.

Los espíritus desencarnados copian o plagian los fenómenos naturales de causa en sesiones para la explicación de todo género de materializaciones, y al hacerlo así siguiendo ese proceso comprenden como un químico combina los elementos de hidrógeno, sulfuro y oxígeno en el ácido sulfúrico, o más simplemente los átomos de hidrógeno y oxígeno para formar el agua.

A esto es a lo que llamamos copiar o plagiar a la Naturaleza.

Los elementos existen y no pueden ser creados nuevamente por ningún espíritu encarnado o desencarnado, pero gracias a un conocimiento de la Naturaleza, su ley o procesos, los espíritus pueden combinar y recombinar con arreglo a las propias fórmulas de la Naturaleza.

Así, pues, las manifestaciones de la sesión espiritista tienen un parecido con las formas de la Naturaleza, como si se atuvieran a ellas, en una palabra, se materializarán y desmaterializarán con arreglo a sus leyes. Toma al espíritu en otro plano para efectuar el resultado.

Lo que le preguntamos al materialista es ¿qué es lo que él conoce de la Naturaleza detrás del plano de las causas y efectos visibles? No conoce absolutamente nada.

Sin acceso al conocimiento que el Espiritualismo, la iluminación, la intuición y la clarividencia dan, lo único que ve es la sobra o el lado fenomenal de la vida. No sabe nada de otro mundo o forma de vida más allá del cambio llamado muerte. Duda, niega y condena todas las revelaciones de supersensibles conocimientos.

Y lo que se ha dicho referente a las formas materiales de los fenómenos espiritistas, plagiados de la Naturaleza por espíritus desencarnados en las salas de sesiones de los mediums es igualmente exacto del alto orden de fenómenos, del mental, así como la clarividencia y la clariaudiencia son fases elevadas interiores de los fenómenos espirituales.

Ver y oír espiritualmente no es imposible si se recuerda que es la única manera de ver y oír posible; pero aun en el caso de que ver y oír se reduzca a la percepción sensual, ¿tendría algo de extraño que una forma más espiritual de ver pudiera ser aceptada por los que están preparados por los hechos?

La humanidad no acepta sino que más bien rechaza la mitología de los antiguos, pero una religión espiritual no por eso deja de sentir menos la necesidad del alma o su realidad, por la desintegración y destrucción del fetichismo. Igualmente en el campo de la ciencia y de la filosofía se han construído sistemas de pensamiento por nobles y elevadas inteligencias y han hecho cada vez más posible la verdad.

Así, pues, a esta misma verdad nos volvemos para la definición e interpretación de la clarividencia. Y en posesión de hechos o fenómenos de clarividencia tenemos por regla repudiar todo sistema de religión, ciencia o filosofía que empiece por rechazarnos y luego niegue la clarividencia como imposible.

Este es el verdadero espíritu científico que debe caracterizar nuestra actitud para la exactitud y pide una conformidad, no con arreglo a dogmas de ciencias o teología, sino con hechos, un acoplamiento del pensamiento a la verdad que debe, ahora como siempre, formar su presente y futuras definiciones.

La clarividencia es por definición la vista clara. Es la consciencia despierta y despertada, y en tal sentido, ampliamente hablando, comprende todo lo que está simbolizado por los ojos, sentidos, facultades, intuición, mente y espíritu.

Entre los griegos estaba representada por Apolo que llevaba la llama de Júpiter por el mundo en una antorcha de luz penetrante, y para los egipcios se la comparaba al ojo de Rathat que todo lo ve y nunca está dormido.

La consciencia que es la perfección de la clarividencia, es el sinónimo más adecuado que pueda emplearse para ilustrar la palabra "vista"; entre vista y percepción, o "vista a través" existe una ligera sombra de diferencia de pensamiento o inteligencia.

Ver algo, como se emplea comúnmente la frase, es ver la forma externa, darse cuenta superficialmente de la cosa; ver a través de algo es no tan sólo verlo en su forma externa sino en esencia o tal como es, y de ese modo percibir y recibir una verdadera concepción o definición de ella.

La vista nos conduce a percibir y será llamada el medio por el cual uno ve. Pero lo que aquí enseñamos referente a la vista en oposición a percibir no debe ser tomado en su significación literal, sino en un amplio y espiritual sentido.

La vista es el instrumento de percepción en lo que afecta a las cosas materiales, esto es, en lo que se refiere a sus formas; pero la mente, el alma, el espíritu, son necesarios para toda visión o percepción.

Orgánicamente los ojos sirven al llamado sentido de la vista; el sentido sirve a la inteligencia; la inteligencia sirve al espíritu, en todo lo que trabaja más avanzado.

El espíritu es igualmente doble y reflejo en carácter y acción, y con esto queremos significar que está relacionado con la esfera objetiva natural y subjetiva espiritual de la vida.

Lo objetivo, o sensual, está comprendido por el Universo material y lo subjetivo, o supersensual, por el Universo espiritual.

El espíritu recibe las impresiones en la mente y las percibe, según su lucidez o habilidad para ello. Así, mientras las impresiones del universo espiritual están constantemente chocando en la mente, como asimismo las impresiones del universo material están flotando a través del órgano del ojo o sentido de la vista o sintiendo (pues el verdadero ciego puede "ver" por sentimiento y de ese modo formar definiciones de objetos) pocos, en verdad, son capaces de definir tales impresiones o darles realidad de tales o aun dibujar una línea de demarcación entre impresiones que entran en la mente objetiva y aquellas otras que entran en la mente subjetiva. Esto es debido a que son pocos los expertos en el análisis de las impresiones.

Algunos consideran a la mente como enteramente objetiva, y únicamente tienen en cuenta lo externo, los sentidos o la esfera sensual de la vida.

La cognición tiene como resultado el ser limitado por la necesidad del caso para el conocimiento sensual, y el océano de la inspiración ha sido considerado como un espejismo de la mente, sin existencia real en el desierto de la tierra y formas de vida; por eso este verdadero océano, es causa y fundamento de todo lo que procede de él o vuelve a él.

Una vez reconocida la naturaleza de la mente, se puede poner más cuidadosa atención y esmero a cuanto se manifieste a ella; más que esto, una profunda realización de consciencia y el lejano alcance de la clarividencia puede ser logrado.

Si puede hacerse una definición de las formas de las cosas como las comprendemos materialmente a través de la mente objetiva y por la visión externa o sentido de la vista, seguramente puede hacerse una definición de las formas de las cosas como espiritualmente las vemos a través de la mente subjetiva y la visión interior o consciencia.

Si el espíritu es el ojo que ve y percibe, en ese caso tiene acceso a su propio reino, que es el del espíritu en sus formas y esferas objetivas y subjetivas. Esto es evidente y trae consigo la admisión de que el universo espiritual es como los hechos de la vida, la prueba del espíritu desencarnado.

Esta consciencia es el centro de la propia realización y de la radiación del pensamiento. En ella se encuentran las impresiones, son recibidas y percibidas. Este hecho debe ser comprendido en su verdadero origen y la relación y principio de ello completamente dominado, sin lo cual lo que sigue sería ambiguo y confuso.

La mente es un instrumento del espíritu, pero es espiritual en su carácter y composición, así como el sensorio, como órgano del ojo es el instrumento material de la muerte. La consciencia, en el sentido final o absoluto sirve de intermediario para poner en relación a los diversos instrumentos subordinados en làs esferas del espíritu.

El alma es la primera, o base, de todo organismo y cuando se comprende esto, no puede decirse que la forma material del organismo no tenga una relación íntegra con el alma como una función del alma.

El tipo es la base; establece sus formas que son

sus manifestaciones, y de ahí procede la multiplicidad de relaciones que forman la red o sistema de sus operaciones. El sistema de músculos, venas, nervios, puede, en un sentido orgánico, ser construído para ser completo, si se empieza desde lo principal, como percepción, inteligencia, voluntad, espíritu, o las funciones del organismo tales como sensorio, cerebro y corazón para que aquéllos se manifiesten; pero están en relación respecto a la forma al tipo que más prontamente se aproxima y tiene un parecido con el organismo espiritualmente comprendido. Ninguno de ellos puede actuar independientemente, y sin embargo cada uno hace un trabajo independiente. Ninguno de ellos puede existir independientemente y cada uno tiene un oficio y trabajo especial en la divina coordinación. En este sentido, pues, existe una congruencia y harmonía de relación y acción entre el órgano ojo, el sentido de la visión y el sensorio cuando las sensaciones de las visiones exteriores son recogidas, y la mente y el espíritu en la consciencia que es la base de todas ellas; el prototipo se funda en la copia espiritual que es, a veces y simultáneamente en la acción, la base original de ellas. Así, por el espíritu, la consciencia abre el ojo místico que todo lo ve, oculto por el arreglo que es definido por materialidad, organismo y expresión material, y la vista alcanza un hecho físico.

En ese caso podrá ver en el sentido divino y la necesidad del ojo, sentidos y mente resultarán inútiles, pero tanto como la consciencia se despierta por el proceso psicológico a través del cual pasa la vista, la vista por medio de los ojos sentidos y mente, va uno enterándose de sí mismo no sólo en el grado de que es capaz de usarlos y elevarse sobre ellos, sino prescindir de ellos, completamente.

Con esto queremos significar que cesamos de emplearlos cuando han cumplido su oficio orgánicamente y funcionalmente y el espíritu despierta y el "yo" consciente cesa de emplear un órgano que ya no le es útil o necesario. De donde se deduce que los órganos y los sentidos son necesarios en tanto que el alma precisa de ellos para sus experiencias físicas.

El hecho es que en el proceso de involución la mente con el organismo obedece a la evolución del alma. Todo método y vida, en expresión, procede por impulso e inspiración.

El impulso nace del alma y forma su apoteosis, y cada impulso se produce ordenadamente en la sucesión de impulsos, pues todo está gobernado por una ley. Es como los corpúsculos de la sangre que obedecen a los latidos o impulsos del corazón, o las olas del océano o sus mareas que siguen el flujo y reflujo magnético y eléctrico de los mundos. La ley de la Naturaleza es orden y no el caos. Y así como en cada átomo el impulso vibra obediente en su momento, de la misma manera el deseo de Dios o la Naturaleza (como se quiera) forma e inspira todo impulso que mueve el telar de la vida.

El ojo conforma no tan sólo la inspiración del tipo original de consciencia (que es la realización) sino que también la forma objetiva y subjetiva de la consciencia, o sea la mente; o viceversa, la consciencia conforma el límite extremo de ella en la materialidad, el sentido de la vista o el ojo, que mira porque la mente esté en contacto funcional y orgánicamente con la materia.

El oficio del ojo es servir al espíritu en este esfuerzo para realizar la consciencia. Y haciéndolo así, viendo y percibiendo luego las cosas en los hemisferios objetivo y subjetivo de la mente, se alcanza la clarividencia.

Necesariamente hacemos una división entre clarividencia y mediumnidad, y la clarividencia como aquí se emplea en el pensamiento del plegado y desdoblado yo en la consciencia; y aun aquí no es la expresión de la clarividencia, la cual no es en el individuo como deducción de la consciencia, pues cada una tiene su lugar y sirve oportunamente.

Una clarividencia que concierne a la mente subjetiva como una clarividencia que concierne a la objetiva, únicamente para la definición de las formas exteriores, es una clarividencia de "vista", pero no una clarividencia de "percepción". La vista sirve para mirar las imágenes de formas impresas en la mente; la percepción es la realización del objeto; y cuando es apropiado, resulta un aumento de la lucidez de la consciencia, porque una visión mística clara de las altas y profundas esferas y planos del espíritu y vida se habrá hecho real.

Se recomienda a los que estudien estas cuestiones que deben adherirse estrictamente a este modo de desarrollo clarividente para la consecución y progreso del estado de conscinecia interior en el cual se revela el espíritu y el mundo espiritual y en el que, como en la luz del espíritu pueden verse, no tan sólo las formas subjetivas e ideales de las cosas, sino su principio de acción y su correspondencia con las formas externas.

El que ascenderá a estas alturas será premiado con las revelaciones del mundo espiritual, pero el que malgaste su tiempo en el valle y no quiera subir la montaña, el que mire a los cielos a través de la niebla que intercepta su terrenal y celestial visión no comprenderá el objeto de estas Enseñanzas.

La clarividencia espiritual será el medio de alcanzar el cielo nuevo y la tierra nueva, como los definen los verdaderos profetas, y establecerá en cada casa un altar y una capilla donde se gozará la comunión espiritual y donde los ángeles, representados por los niños de la tierra, se aproximarán, y recibirán la bendición de los cielos y la cooperación de todos los espíritus que nos rodean.

II

LA CLARIVIDENCIA. SU NATURALEZA Y LEY DE MANIFESTACIÓN

La Consciencia en la esfera de la Clarividencia, y ésta en la esfera y luz de aquélla, son fundamentales para la definición y realización del ser. — El ojo es el símbolo de la Naturaleza de la Clarividencia. — La Ciencia reconocerá tarde o temprano la luz de la Consciencia.—La Clarividencia es el medio de poner de manifiesto la verdad.—De la Clarividencia se sigue una purificación del yo.—La Clarividencia es progresiva.

CAPITULO II

La Clarividencia
Su naturaleza y ley de manifestación

Nosotros afirmamos que la consciencia en la esfera y luz de la clarividencia y que la clarividencia en la esfera y luz de la consciencia son fundamentales para una definición y realización del ser.

Hemos tratado de demostrar cómo se desarrolla la consciencia, cómo viendo y percibiendo llega a ser más marcada y extensa, sino más penetrante y aguda en la mente activa y subjetiva que en la objetiva y pasiva.

Lo que se obtiene en una esfera y plano de visión, en lo que a la naturaleza de la clarividencia se refiere, se obtiene precisamente con el mismo objeto en esferas y planos más interiores. Puede existir una variedad de manifestaciones en uno o diversos modos de expresión de la clarividencia, pero nunca se hacen esas manifestaciones fuera del objeto de ellas, ni que la expresión exceda en soberanía al fin que se propone.

Lo que es verdad de la óptica o de la ciencia física de la vista, lo es también de la consciencia.

La consciencia se expresa espiritualmente como el ojo externo se manifiesta materialmente, pero en un plano más espiritual de correspondencia. Esto será asegurar o establecer la perfecta unidad de acción.

Como en la mecánica existe la coordinación entre los principios de la dinámica y los instrumentos por medio de los cuales esos principios operan, entre el movimiento y la materia, la mente del hombre y la máquina que emplea; así entre el ojo, el cerebro y la mente, en la más amplia esfera del espíritu, existe unidad de designio, objeto y acción. Siendo esto así el ojo puede reflejar en la materialidad todo lo que es potente en la consciencia. Así es, pero los hombres de ciencia son refractarios a aceptar estas ocultas correspondencias.

La naturaleza de la consciencia se ve en cada función o instrumento que emplea, y como cada función es una parte integral del organismo humano en el cual y a través del cual opera el espíritu, la correspondencia entre la consciencia y el ojo es tan sólo percibida, cuando está correctamente definida y en correlación con el espíritu que el organismo sirve como lo simboliza.

El oficio del ojo revela la ley y define la naturaleza de la mente y de la consciencia. El ojo llega a ser el símbolo de la naturaleza de la clarividencia. No obstante si en o por ello la consciencia se manifiesta, entonces el objeto de la consciencia, como nosotros la comprendemos, en la luz de la clarividencia, estará orgánicamente simbolizada por el ojo. Podrá llegar a ser la visión más profunda y más amplia, pero la relación será la misma.

El ojo es la ciudadela donde "tú", lector, la personalidad, está colocado para recibir las impresiones que juegan sobre y entran en tu esfera de visión. "Tú" las ves y las percibes, y de ese modo, se revela el poder del espíritu y de la consciencia en la luz de la clarividencia, tan bien como con la vista normal.

Dos condiciones entran en la habilidad de la vista, en la mente subjetiva y objetiva, en el universo material y espiritual. El primero es la "luz" en el material y el segundo la luz en el sentido espiritual.

El órgano de la vista, el ojo, no tiene capacidad para ver por sí mismo; si la tuviera no necesitaría de la mente. Puede como un espejo contener las imágenes de las cosas exteriores en sus miriadas de lentes, pero se desvanecerán con su propia desintegración; mas aun en tal caso es necesaria la luz para la reflexión.

No existe reflexión sin luz que dé o haga posible dicha reflexión. De ahí que el ojo no pueda recibir la imagen de las cosas exteriores en la obscuridad, excepto la obscuridad que es una forma de luz y mantiene oculta en ella toda la definición de las cosas.

La luz del sol, de la luna y de las estrellas, o la luz artificial es necesaria para una definición material de las cosas; y únicamente cuando esta luz se obtiene puede la mente conocer sensaciones que le trasladen del mundo de los fenómenos al mundo del espíritu el resultado de la vista. Pero por otra parte, expone los organismos sin vida, el cuerpo abandonado del espíritu, a la luz del sol, y cuando la vida acaba la luz del mundo no tiene comunicación con el espíritu.

La transición del espíritu desde la vida mortal pone fin a ambas sensaciones, y la vista, como literalmente se la comprende, y esta luz que hace posible una descripción de las cosas, han realizado su propósito, en cuanto a esta persona concierne.

El cuerpo material no siente, y mientras la luz representa las formas, la vida o el espíritu no recibe sus efectos. Ha alcanzado un plano en el que la necesidad de la luz física ha cesado.

Eliminada en el problema del alma, la mente como la función del espíritu, en el que son impresas y a través del que son percibidas las sensaciones e imágenes de sensaciones del mundo exterior y la luz, así recibida no trasmite sus mensajes; pero en virtud de la divina combinación del organismo a la mente y el espíritu, no se pierde un solo rayo de luz. Tanto como la consciencia se manifiesta por medio de la mente en el organismo, la luz física servirá a sus propósitos. Unos ven poco, otros ven más, según el grado de consciencia que se alcanza, pero el fin lo consiguen todos.

Existe, sin embargo, una perfecta correlación y

adaptabilidad de los rayos de la luz física a los rayos que están supuestamente en carácter físico.

No obstante son los rayos de luz de dentro del alma los que, entremezclados con los materiales forman la "visión" física o vista posible.

La ciencia reconocerá tarde o temprano la luz de la consciencia lo mismo que la luz física, una como fenómeno que irradia en el universo material, la otra espiritual que predomina en el universo espiritual. En la esfera de la ley y la acción ambas revelan y sirven el mismo fin.

Existe harmonía entre el ojo y los rayos materiales de luz y entre la consciencia y los rayos espirituales de luz, entremezclados unos con otros; esto es, cada rayo está inmanente en el otro. Un niño, al conocer por fuera, ve exteriormente en las relaciones o descripciones de las cosas tan sólo lo que los rayos de luz espirituales de dentro del alma le inspiran que vea. En otros términos, aunque el mundo en su totalidad está expuesto ante la vista por la luz del sol, ve únicamente lo que le está permitido ver, tan sólo lo que llama su atención. Así la experiencia descansa sobre la inspiración y la instrucción sobre la intuición, y la ciencia sobre la revelación. De ahí que el desarrollo o educación del niño es de dentro a fuera, de lo interior a lo exterior, pues de ambos modos ve y percibe los objetos.

La luz de la consciencia es la luz que nunca se encuentra en el campo o el mar, porque su residencia única es el espíritu, y en él será percibida y efectiva.

Se la llama la luz que "ilumina a cada uno que habita el mundo" porque para el espíritu es la luz de dentro de su propio reino místico. Esta luz es la ley de la luz material y dicta sus fenómenos. Su espectro astral es uniformemente el mismo. Sus colores aunque más finos tienen la misma significación; existe una luz blanca tanto en el universo material como en el espiritual, y la materia de ambas es la misma. Ambas actúan harmónicamente para revelar y aclarar la consciencia. Esta luz de la consciencia hace de la clarividencia la fuente o medio de poner de manifiesto la verdad.

Si el lector amante de estos estudios quiere formar círculos y en uno coloca el sol en el centro y en el otro el espíritu, del que proceden los rayos de luz espiritual como del anterior los rayos de luz material y hace cada grado un rayo de luz, que penetra en ambos círculos, podrá formarse un concepto más claro de lo que aquí se enseña por la interrelación y correspondencia de las dos formas de luz. El número uno es el círculo del espíritu, y siempre en orden matemático y progresión geométrica. La ley invariable destina ambos círculos, una vez cada uno, hacia el más elevado desarrollo del yo. Pero no se olvide que en un cierto grado se forma una espiral en la que el espíritu y la materia intervienen en este punto donde convergen las dos luces.

La consecución de la victoria del alma sobre la materia se alcanza por esta transición en el círculo del alma. Así a la expresión de la clarividencia sigue una purificación del yo de la necesidad de la experiencia a causa de la ignorancia en la consciencia del espíritu y todo cuanto a tal consciencia afecta.

La clarividencia es progresiva. Respecto al diagrama, si se comprende esotéricamente, llegará a ser la fórmula para entender la historia y la civilización, el alma desarrolla gradualmente la capacidad del hombre por sí mismo.

III

LA CONSCIENCIA Y LA RAZÓN

La Consciencia no es dual. — Cómo llega a la Consciencia lo que vemos. — El Conocedor y lo cognoscible. — La Consciencia es la que ve en los casos de clarividencia. — La razón y la intuición. — La Mente no es el Conocedor. — Conocemos una apariencia ilusoria del mundo. — El prejuicio.

CAPITULO III

La Consciencia y la Razón

La consciencia no es dual, compleja o multiforme, sino completa, integral y perfecta. El grado de expresión o efectividad de la consciencia, depende de la esfera en que se manifiesta o expresa, pero la consciencia es siempre la misma.

La consciencia como la Divinidad que ella revela no admite velos ni sombras. Las formas que vela y revela son condiciones que ni la Divinidad ni la consciencia imponen por sí mismas, pero demuestran el estado del ser así como sus atracciones o repulsiones, la espiritualidad o la materialidad de lo que ama.

Los estados y condiciones de consciencia son externos a ella y no una parte o una descripción de ella. Se reflejara la consciencia por medio de ellos, pero no por eso deja de ser siempre la misma.

En filosofía hay dos extremos que conviene evitar, porque cada uno de ellos ignora un lado de la vida manifestada. Uno lo considera todo como conciencia, ignorando la esencialidad de la forma para condicionar la conciencia, para hacerla posible. El otro lo considera todo como forma, ignorando el hecho de que la forma únicamente puede existir en virtud de la vida que la anima. La forma y la vida, la materia y el espíritu, el vehículo y la conciencia, son inseparables en la manifestación y son los aspectos indivisibles de AQUELLO a lo cual son inherentes: AQUELLO que no es la conciencia ni su vehículo, sino la raíz de ambos. Una filosofía que trate de explicarlo todo por medio de la forma, ignorando la vida, tropezará con problemas que le será imposible resolver. Una filosofía que trate de explicarlo todo por medio de la vida ignorando las formas, se encontrará con recios obstáculos que no podrá franquear. La última palabra respecto a esto es que la conciencia y sus vehículos, vida y forma, materia y espíritu, son las expresiones temporales de los dos aspectos de la Existencia no condicionada, la cual no es conocida sino cuando se manifiesta como la Raíz del Espíritu (llamada por los indios

Pratyagâtman), el Ser abstracto, el Logos abstracto de donde provienen todos los "yos" individuales, y la Raíz de la materia (Mûlaprakriti) de donde provienen todas las formas. Siempre que tiene lugar la manifestación, la Raíz del Espíritu da nacimiento a una triple conciencia y la Raíz de la materia a una triple materia; bajo éstas está la Realidad Una, por siempre incognoscible por la conciencia condicionada. La flor jamás ve la raíz de donde crece, por más que su vida toda sale de ella y sin ella no podría existir.

El Yo como Conocedor, tiene como función característica dentro de sí mismo el reflejo del No-Yo. Así como una placa sensible recibe los rayos reflejados de los objetos, y esos rayos causan modificaciones en la materia sobre la que caen, de manera que puedan obtenerse imágenes de los objetos, así sucede con el Yo en su aspecto de conocimiento, con referencia a todo lo externo. Su vehículo es una esfera en donde el Yo recibe del No-Yo los rayos reflejados del Yo Uno, haciendo aparecer dentro de él imágenes que son las reflexiones de aquellos que no es él mismo. El Conocedor no conoce las cosas mismas en las primeras etapas de su conciencia. Sólo conoce las imágenes producidas dentro de él por la acción del No-Yo en su ser respondiente, las fotografías del mundo externo. De aquí que la mente vehículo del Yo como Conocedor, haya sido comparada a un espejo en el cual se ven las imágenes de los objetos colocados delante de él. Nosotros no conocemos las cosas mismas, sino sólo el efecto que ellas producen en nuestra conciencia; no los objetos, sino las imágenes de los objetos, es lo que vemos en la mente. Lo mismo sucede con el espejo; parece que tiene los objetos dentro de él; pero esos objetos aparentes son únicamente imágenes, ilusiones causadas por los objetos, no los objetos mismos; tal sucede con la mente: en su conocimiento del universo externo sólo conoce las imágenes ilusiorias y no las cosas en sí mismas.

Pero, pudiera preguntarse: "¿sucederá lo mismo siempre? ¿No conoceremos nunca las cosas en sí mismas? Esto nos conduce a la distinción vital entre la conciencia y la materia en que la ciencia funciona, y mediante ella podremos encontrar una respuesta, a esa pregunta natural de la mente humana. Cuando la conciencia, al cabo de una larga evolución, ha desarrollado el poder de reproducir dentro de sí misma todo lo que existe fuera, entonces la envoltura de materia, en la cual ha estado funcionando, se desprende, y la conciencia, que es conocimiento, identifica su Yo con todos los demás Yos en medio de los cuales ha estado desenvolviéndose, y ve como No-Yo sólo la materia relacionada igualmente con todos los Yos por separado. Este es el "Día se con nosotros", la unión que constituye el triunfo de la evolución, cuando la conciencia se conoce a sí misma y a las demás, y conoce a las demás como siendo ella misma. Por identidad de naturaleza se alcanza el conocimiento perfecto, y el Yo realiza ese estado maravilloso en el que la identidad no perece y la memoria no se pierde, pero en el que termina la separación y en el que el conocedor, el conocer y el conocimiento se convierten en uno.

Esta maravillosa naturaleza del Yo, que se desenvuelve actualmente en nosotros por medio del conocimiento, es lo que hemos de estudiar a fin de comprender la naturaleza del pensamiento; y es necesario ver claramente el lado ilusorio con objeto de que podamos utilizar la ilusión para transcenderla. Así, pues, estudiemos ahora cómo el Conocer — la relación entre el Conocedor y lo Cognoscible — se establece, y esto nos conducirá a distinguir más claramente la naturaleza del pensamiento.

Hay una palabra, vibración, que de día en día se convierte cada vez más en la nota fundamental de la Ciencia de Occidente, del mismo que desde hace largo tiempo lo ha sido de la de Oriente. El movimiento es la raíz de todo. La vida es movimiento; la conciencia es movimiento.

El movimiento, al afectar a la materia, es vibración. Pensamos en el Uno, en el Todo, como inmutable, sin movimiento, puesto que en el Uno el movimiento no puede existir. Sólo cuando hay diferenciación o diversas partes podemos pensar en el movimiento, por ser el movimiento cambio de lugar en la sucesión del tiempo. Cuando el Uno se convierte en muchos, entonces surge el *movimiento*, y éste es vida y conciencia cuando es rítmico y regular, y es muerte e inconsciencia cuando es irregular y carece de ritmo. Porque la vida y la muerte son hermanas gemelas, igualmente nacidas del movimiento, el cual es manifestación.

El movimiento tiene que surgir cuando el Uno se convierte en muchos, puesto que cuando lo omnipresente da origen a las partículas separadas, el movimiento infinito tiene que representar la omnipresencia, o dicho de otro modo, tiene que ser su reflexión o imagen en la materia. La esencia de la materia es la desasociación, así como la del espíritu es la unidad, y cuando ambas surgen del Uno, como la nata de la leche, la reflexión de la omnipresencia de ese Uno en la multiplicidad de la materia, es movimiento incesante e infinito, pues movimiento absoluto—la presencia de cada unidad en movimiento en todos los puntos del espacio en cada momento de tiempo—es idéntico al reposo, aunque reposo desde otro punto de vista, desde el de la materia, en lugar del punto de vista del Espíritu.

Este movimiento regular da origen a movimientos correspondientes, a vibraciones en la materia que lo envuelve, pues cada Jîvâtman o unidad separada de conciencia, está aislado por un revestimiento de materia, de todos los demás Jîvâtmans. Este revestimiento de materia, al vibrar, comunica sus vibraciones a la materia que lo rodea, la cual se convierte en el medio conductor de las vibraciones, y este medio comunica a su vez el impulso de la vibración a la materia que encierra otro Jîvâtman, haciendo vibrar esta unidad de conciencia de igual modo que la primera. En esta serie de vibraciones—que principian en una conciencia, en el cuerpo que la encierra, que son comunicadas por este cuerpo al medio circundante, el cual las transmite a otro cuerpo y por este segundo cuerpo a la conciencia que encierra—tenemos la cadena de vibraciones por cuyo medio el uno conoce al otro. El segundo conoce al primero porque reproduce al primero en sí mismo y experimenta así lo que él experimenta. Pero, sin embargo, con una diferencia, pues nuestro segundo Jîvâtman estaba ya en vibración, y su estado de movimiento, después de recibir el impulso del primero, no es una simple repetición de aquel impulso, sino una combinación de su propio movimiento original con el que se le ha impuesto desde fuera, y por tanto no es una reproducción perfecta: obtiénense semejanzas más y más aproximadas, pero la identidad siempre se nos escapa.

Esta secuencia de actos vibratorios se ve a menudodo en la Naturaleza. Una llama es un centro de actividad vibratoria en el éter, llamado por nosotros calor; estas vibraciones u ondas caloríferas conmueven al éter circundante en ondas similares, y sus partículas vibran debido al impulso, y de este modo el hierro se calienta y se convierte a su vez en una fuente de calor. Así es cómo una serie de vibraciones pasa de uno a otro Jîvâtman y cómo todos los seres están relacionados entre sí por esta red de la conciencia.

Del mismo modo, también, en la Naturaleza física señalamos diferentes grados de vibración con nombres distintos, llamando a una serie luz, a otra calor, a otra electricidad, a otra sonido; y así sucesivamente; sin embargo, todas son de la misma naturaleza; todas son modos de movimiento en el éter, y sólo difieren en grados de velocidad que corresponden a diferencias de densidad en el éter. La Voluntad, el Sentimiento y el Pensamiento son de la misma naturaleza, y difieren en sus fenómenos sólo por la diferencia en su grado de velocidad respectiva y la sutileza relativa del medio. La diferencia específica del Pensamiento es que sus ondas forman imágenes—como sucede con las ondas luminosas—, y no deja de tener significado que la misma palabra "reflexión" se emplea igualmente en los resultados del movimiento de ondas del pensamiento y del de la luz. Hay una serie de vibraciones en una clase especial de materia y dentro de cierto grado de velocidad, a lo que damos el nombre de vibraciones del pensamiento. Estos nombres son definidores de ciertos hechos de la Naturaleza. Hay cierta clase de éter puesto en vibración y sus vibraciones afectan nuestros ojos, y a este movimiento lo llamamos luz. Hay otro éter mucho más sutil cuyas vibraciones son percibidas, esto es, son contestadas por la mente, y a este movimiento lo llamamos pensamiento. Estamos rodeados de materia de diferentes densidades, y a los movimientos que en ella se producen les damos el nombre según nos afectan, según son contestados por los diferentes órganos de nuestros cuerpos groseros o sutiles. Llamamos "luz" a ciertos movimientos que afectan a los ojos; llamamos "pensamiento" a ciertos movimientos que afectan otro órgano, la mente. El "ver" ocurre cuando la luz del éter ondula desde un objeto a nuestros ojos; el "pensar" ocurre cuando el éter del pensamiento se mueve en ondas desde un objeto a nuestra mente. El uno no es más ni menos misterioso que el otro.

Las modificaciones en la disposición de los componentes de la mente son causadas por el contacto de ondas de pensamiento, y en el pensar concreto experimentamos nuevamente los choques originados del exterior. El Conocedor tiene su actividad en estas vibraciones, y todo aquello que ellas pueden contestar o todo lo que ellas pueden reproducir, es conocimiento. El *pensamiento es una reproducción* dentro de la mente del Conocedor, de aquello que no es el Conocedor, que no es el Yo; es una pintura producida por una combinación de movimientos, de ondas, literalmente una imagen. Una parte del No-Yo vibra, y al vibrar en contestación al Conocedor, esa parte se convierte en lo cognoscible; la materia que vibra entre ellos hace posible el conocer poniéndolos en *mutuo contacto*. De este modo se establece y mantiene la cadena del conocedor, lo cognoscible y el conocer.

La consciencia, es pues, la que "ve" y percibe los objetos en los casos de Clarividencia.

La percepción espiritual es la "razón" de la consciencia, y por razón no entendemos a la causa u origen, sino a la facultad. Lo mismo que la mente tiene razón, así el espíritu en sus operaciones interiores la tiene igualmente. En otros términos la razón es a la mente lo que la percepción espiritual es a la consciencia.

La intuición y la educación se refieren a las esferas del conocimiento, la última al conocimiento adquirido por medio de los sentidos y la primera mediante la divina inspiración.

En psicología la razón está estrechamente asociada con la intuición, y así es y debe ser en todas las esferas de la consciencia. La razón puede ser llamada perfectamente la guía exterior o posterior del espíritu por cuanto la razón es la que guía al espíritu. La intuición es más elevada en su esfera; ejerce su acción en el desarrollo de los estados espirituales; es juzgada por la razón antes de que sea el modo o la regla de la acción, oculta como la decisión, pero enfocada a través de la razón llega a la mente en este designio.

La percepción espiritual como la "razón" de la consciencia, está relacionada con la clarividencia y la consciencia no en el sentido externo sino en el interno. En la mente y todo lo que se relaciona con ella, reina la razón, y a través de ella la intuición y la educación se extiende. Cuando la razón se pierde o se extravía en el camino del progreso y del desarrollo en el sentido místico interior, no va acompañada de la intuición y llega a habituarse a un modo especial de acción o pensamiento. Una palabra explica la razón en este aspecto: el prejuicio. El prejuicio es la razón sumergida.

La mente no es el Conocedor, y debe siempre distinguirse cuidadosamente de éste. Muchas de las confusiones y dificultades que llenan de perplejidad al estudiante, provienen de que no recuerda la distinción entre el que conoce y la mente, la cual es su instrumento para obtener el conocimiento. Es como si el escultor estuviese perfectamente identificado con su cincel.

La mente es fundamentalmente dual y material, estando constituída por el Cuerpo Causal y Manas, la mente concreta—Manas mismo siendo una reflexión en la materia atómica de aquel aspecto del Yo que es conocimiento—. Esta mente limita el Jîvâtman, el cual, a medida que aumenta la propia consciencia, se encuentra impedido por ella por todos lados. Así como un hombre que para ejecutar determinada cosa se ponga unos guantes gruesos encuentra que sus manos han perdido mucha parte de su sensibilidad, de su delicadeza de tacto, de su habilidad para recoger objetos pequeños, siendo sólo aptas para agarrar objetos gran des y sentir fuertes contactos, así sucede con el

Conocedor cuando se reviste de la mente. La mano está allí lo mismo que el guante, pero sus facultades han disminuído grandemente el Conocedor; está allí lo mismo que la mente, pero sus poderes se hallan muy limitados en su expresión.

Limitaremos el término manas en los párrafos que siguen, a la mente concreta—el cuerpo mental y manas—.

La mente es el resultado del pensar pasado, y se modifica constantemente por el pensar presente; es una cosa precisa y definida, con ciertos poderes e incapacidades, fuerza y debilidad, que son las resultantes de actividades en vidas anteriores. Es tal como la hemos hecho; no podemos variarla sino lentamente; no podemos hacerla transcendente por un esfuerzo de la voluntad; no podemos echarla a un lado, ni suprimir instantáneamente sus imperfecciones. Tal como es, nos pertenece; es una parte del No-Yo apropiada y moldeada para nuestro propio uso, y sólo por medio de ella podemos conocer.

Todos los resultados de nuestro pensar pasado están presentes en nosotros como mente, y cada mente tiene su grado propio de vibración, su esfera propia de vibración, y se halla en estado de perpetuo movimiento, ofreciendo series de pinturas siempre cambiantes. Todas las impresiones que nos vienen del exterior son hechas en esta esfera ya activa, y la masa de las vibraciones existentes modifica y es modificada por la nueva recepción. La resultante no es, por tanto, una reproducción exacta de la nueva vibración, sino una combinación de ella con las vibraciones que ya están actuando. Formando otro ejemplo de la luz, diremos que si ponemos un trozo de cristal encarnado ante nuestros ojos y miramos objetos verdes, éstos nos aparecerán como negros. Las vibraciones que nos dan la sensación de lo encarnado son interceptadas por las que nos dan la sensación de lo verde, y el ojo se engaña viendo un objeto como negro. Lo mismo sucede si miramos un objeto azul por un cristal amarillo: lo vemos como negro; en cada caso un medio de color causará una impresión del color diferente de la del objeto mirado con el ojo al desnudo. Aun mirando las cosas con el ojo desnudo, se ven algún tanto distintas, pues el ojo mismo modifica las vibraciones que recibe más de lo que la gente se imagina. La influencia de la mente, como medio por cuyo conducto el Conocedor mira al mundo externo, es muy semejante a la del cristal de color con relación a los colores de los objetos que se ven a través de él. El Conocedor se halla tan inconsciente de esta influencia de la mente, como un hombre que jamás hubiese visto sino por medio de cristales encarnados o amarillos, lo estaría de los cambios que tales cristales provocan en los colores de un paisaje. En este sentido, tan claro como superficial, es como se llama a la mente el "Creador de la ilusión". Nos presenta sólo imágenes desnaturalizadas, una combinación de sí misma con los objetos externos. En este sentido mucho más profundo es, verdaderamente, el "Creador de la ilusión", por cuanto hasta estas imágenes desnaturalizadas no son sino imágenes de apariencias, no de realidades; sombras de sombras es todo lo que nos presenta. Pero a nuestro objeto presente nos basta considerar las ilusiones causadas por su propia naturaleza.

Muy diferentes serían nuestras ideas del mundo si pudiéramos conocerlo tal como es, aun en su aspecto fenomenal, en lugar de por medio de las vibraciones modificadas por la mente. Y esto no es en modo alguno imposible, aunque sólo pueden conseguirlo aquellos que han hecho grandes progresos en el dominio de la mente. Las vibraciones de la mente pueden paralizarse retirando la consciencia de ella; un choque exterior formará entonces una imagen que corresponderá exactamente a ella misma, porque las vibraciones serán idénticas en cualidad y cantidad, sin mezcla con las vibraciones pertenecientes al observador. O bien la consciencia puede exteriorizarse y animar como alma el objeto observado y experimentar así directamente sus vibraciones. En ambos casos se obtiene un verdadero conocimiento de la forma. También puede conocerse la idea, en el mundo de los fenómenos, de la cual la forma expresa el aspecto fenomenal; pero esto sólo puede hacerse por la consciencia funcionando en el cuerpo Causal, el Kârana Sharira, sin los impedimentos de la mente concreta de los vehículos inferiores.

La verdad de que sólo conocemos nuestras impresiones de las cosas y no las cosas mismas, excepto como se ha explicado antes, es de vital interés cuando se aplica en la vida práctica. Enseña la humildad y la precaución, así como el deseo de prestar atención a las ideas nuevas. Perdemos nuestra certeza instintiva, de que tenemos razón en nuestras observaciones, y aprendemos a analizarnos antes de decidirnos a condenar a otros.

Un ejemplo puede servir para hacer esto más claro:

Encuentro una persona cuya actividad vibratoria se expresa de un modo complementario al mío. Cuando nos encontramos nos anulamos mutuamente; de aquí que no nos agrademos el uno al otro, no veamos nada el uno en el otro y cada uno se sorprende de que fulano crea al otro tan inteligente cuando mutuamente nos encontramos tan estúpidos. Ahora bien: si yo he adquirido algún conocimiento de mí mismo, esta sorpresa ya no tendrá lugar en lo que a mí concierne. En lugar de creer que el otro es estúpido, me preguntaré: ¿Qué es lo que falta en mí que no puedo responder a sus vibraciones? Ambos vibramos, y si yo no puedo comprender su vida y pensamiento, es porque no puedo reproducir sus vibraciones. ¿Por qué habría yo de juzgarle desde el momento en que ni siquiera puedo conocerle hasta que me modifique lo bastante para poder recibirle? Nosotros no podemos modificar mucho a los demás, pero podemos modificarnos mucho a nosotros mismos: y deberíamos estar constantemente tratando de agrandar nuestra capacidad receptora. Debemos llegar a ser como la luz blanca, en la que todos los colores están presentes, que no desnaturaliza ninguno porque no rechaza ninguno, y tiene en sí misma el poder de responder a todos. Podemos medir nuestra proximidad a la blancura por nuestro poder de responder a los caracteres más diversos.

En casos tales somos víctimas del prejuicio, que se ha superpuesto a la razón, y a eso obedece que, entonces, en nuestra mente no reine como soberana la razón, que se ve mediatizada por el prejuicio, el cual excluye a la intuición, que es la que, como hemos dicho, ejerce una acción decisiva en el desarrollo de los estados espirituales.

Hemos empleado antes la imagen de que el "prejuicio es la razón sumergida", y lo repetimos ahora. La razón debe, lo mismo en el sentido natural que en el espiritual ser libre para actuar de acuerdo con la evidencia de los hechos. Pero cuando está limitada se encuentra desarmada de su poder y prerrogativas. Cuando la razón está abierta para recibir la divina inspiración y actúa harmónicamente con la consciencia y la intuición, es sana y sabia.

Se ha dicho que la razón es un guía más poderosa del conocimiento que la intuición, pero tal aserto sólo es exacto a medias. Cada una de ellas puede y debe guiar, pero ambas unidas son absolutas. Se debe ser guiado por la razón, (es ejemplo los hombres de ciencia y los experimentalistas) o por la intuición (ejemplo los matemáticos, los músicos compositores, artistas, profetas), o por ambas; y en cada caso se consiguen resultados excelentes y beneficiosos. Pero la prueba absoluta de poder y ser está en el último caso, en que, como lo demuestran los adeptos, el campo de visión y acción alcanza la total esfera de la consciencia, cuando la razón por medio de la intuición y la intuición por medio de la razón, son empleadas y de ese modo alcanza la humanidad el estado ideal o espiritual.

De esa manera, la clarividencia y la consciencia, van acompañadas de la intuición en este sentido singular y por razones que ahora especificaremos.

En primer lugar, porque se trazará una línea de división entre lo que pertenece a la mente en la esfera de la educación y lo que pertenece a la mente en la esfera de la intuición.

En segundo, en que se podrá reconocer lo que es la vista natural y la percepción natural y lo que es vista espiritual y percepción espiritual.

En tercero, en que se sabrá lo que es de la intuición y de la educación en la esfera de la telepatía y la inspiración divina.

En cuarto, en que se perciben impresiones, clarividentemente recibidas, por medio del espíritu en concentración o espíritus y cosas espirituales y de lo que es la impresión actual de una inteligencia espiritual operante.

Así, con esta observación crítica, se adquirirá una facilidad para los métodos científicos y la penetración espiritual que capacitará para ser un adivinador, viendo y percibiendo en la esfera de la consciencia, habiendo encontrado el camino escondido a través del umbral de la muerte objetiva y subjetiva.

Y dadas en estos capítulos una idea general de lo que los espiritualistas propugnan como causas eficientes de la clarividencia, antes de pasar a la revista de algunos casos, tanto de clarividencia como de telepatía, nos haremos eco de algunas observaciones que serán de eficacia para ilustración del lector amante de estos estudios, en los que nuestro papel se reduce al de meros expositores de enseñanzas y de hechos.

IV

LA NUEVA REVELACIÓN

Por revelación entendemos el descubrimiento de algo oculto.—El espiritualismo moderno es una forma nueva de la revelación. La doctrina teosófica — Líneas generales. — El Espiritismo. — La evocación de las almas desencarnadas.—Los médiums.—Los diversos médiums.

CAPITULO IV

La Nueva Revelación

Todo cuanto hemos dicho en los capítulos anteriores, carecería de valor para quien ignorase o pretendiese ignorar la Nueva Revelación.

En nuestro libro "La Reencarnación y la Ley de Karma", hemos expuesto las bases de esta enseñanza, pero no estará de más insistir aquí sobre algunos puntos esenciales.

El espiritualismo moderno es una forma nueva de la eterna revelación.

Para nosotros, revelación significa simplemente la acción de quitar un velo, de descubrir algo oculto.

Desde ese punto de vista, todas las ciencias son revelaciones, pero hay una más elevada: la de las verdades morales que nos llega por medio de misioneros celestes y más a menudo por las aspiraciones de la consciencia.

Al lado de los mensajeros divinos, se presentan muchos falsos profetas; pero para prevenir tales abusos la nueva revelación reviste un carácter diferente. No es una obra individual ni se produce en un medio circunscrito.

Mas aun así son muchas las objeciones que la doctrina espiritualista ha suscitado.

El espiritualismo como religión confina con el espiritismo con el cual tiene muchos puntos de contacto. Viene a ser como si dijéramos la idealización del espiritismo y de las doctrinas basadas en la transmigración de las almas.

De todas las religiones que han prescrito la fe en las relaciones supraterrestres, la teosofía es una de las primeras en fecha, si se hace abstracción de las creencias antiguas, que carecían de toda base científica.

Para la teosofía existen tres verdades que son absolutas y no pueden perderse, pero que, sin embargo, pueden permanecer ignoradas por culpa del lenguaje. Estas verdades son tan grandes como la vida misma, y sin embargo, tan rudimentarias como la más rudimentaria mente humana. Difícilmente puede hacerse nada mejor que calificarlas como el más grande de los principios generales.

Expondremos, pues, algunos corolarios que se desprenden naturalmente de ellas, y luego, como complemento, expondremos también algo de lo más prominente de los ventajosos resultados que necesariamente se obtienen con este definido conocimiento. Después de haber bosquejado el esquema por orden numérico, lo describiremos punto por punto, esforzándonos en presentar explicaciones tan sencillas y elementales como lo permitan los límites de este capítulo preliminar.

1. Dios existe, y es bueno. Es el gran dador de la vida que mora dentro y fuera de nosotros; es inmortal y eternamente benéfico. No se le puede oír, ver ni tocar, y, sin embargo, es percibido por el hombre que desea la percepción.

2. El hombre es inmortal, y su futuro es de una naturaleza cuya gloria y esplendor no tienen límites.

3. Una ley Divina, de absoluta justicia, regula al mundo, de suerte que cada hombre es en verdad

su propio juez, el dispensador de su propia gloria o ignominia, el árbitro de su vida. su premio y su castigo.

Cada una de estas grandes verdades va seguida de algunas otras complementarias y explicatorias. De la primera de ellas se sigue:

1. Que a despecho de todas las apariencias, todas las cosas se mueven de una manera definida e inteligente con el objeto de producir el bien; que todas las circunstancias, por adversas y desagradables que parezcan, son en realidad exactamente lo que es necesario que sean; que todas las cosas que nos rodean tienden, no a obstruir nuestro camino, sino a ayudarnos, con tal que sepamos comprenderlas.

2. Que, desde el momento en que todo el esquema tiende a labrar la felicidad del hombre, es natural y lógico que su deber es aprender a comprenderlo.

3. Que cuando el hombre comprende este esquema, es su deber cooperar inteligentemente a la difusión del mismo.

De la segunda gran verdad se sigue:

1. Que el hombre verdadero es un alma, y que el cuerpo no es más que un accesorio.

2. Que el hombre debe, por lo tanto, considerar todas las cosas desde el punto de vista del alma, y que en todos los casos en que tiene lugar una lucha interna, debe tener en cuenta su identidad con lo superior, y no identificarse con lo inferior.

3. Que lo que ordinariamente llamamos la vida del hombre, no es más que un solo día dentro de su más amplia y verdadera vida.

4. Que la muerte es un hecho que tiene mucha menos importancia que la que comúnmente se la concede, puesto que no es en modo alguno el fin de la vida, sino sencillamente el paso desde una a otra etapa de la misma.

5. Que el hombre tiene tras sí una inmensa evolución, cuyo estudio es muy fascinador, interesante e instructivo.

6. Que tiene, además, ante sí una espléndida evolución, cuyo estudio es todavía más fascinador e instructivo.

7. Que existe la absoluta certeza de que todas las almas humanas alcanzarán la meta final por mucho que parezca que se han desviado del sendero de la evolución.

De la tercera gran verdad se deriva:

1. Que cada pensamiento, palabra y obra produce su resultado definido; no un premio o castigo impuestos de fuera, sino un resultado inherente a la acción misma, definidamente en conexión con ella en su relación de causa y efecto, no siendo ambos en realidad más que dos partes inseparables de un todo.

2. Que está en el deber y en el interés del hombre estudiar concienzudamente esta ley divina, a fin de comprenderla, amoldarse a la misma y emplearla en beneficio propio, del mismo modo que empleamos otras grandes leyes de la naturaleza.

3. Que es necesario que el hombre alcance un perfecto dominio sobre sí mismo, de modo que le sea dable dirigir su vida de una manera inteligente y de acuerdo con esta ley.

Cuando se ha conseguido asimilarse plenamente

este conocimiento, el aspecto de la vida cambia tan completamente, que sería imposible enumerar todas las ventajas que del mismo se derivan. Sólo mencionaremos algunas de las principales líneas a lo largo de las cuales este cambio se produce; el buen sentido del lector sabrá añadir a las mismas algunas de las infinitas ramificaciones que son su necesaria consecuencia.

He aquí esas principales ventajas:

1. Obtenemos una comprensión racional de la vida; sabemos cómo debemos vivir y el porqué, y aprendemos que la vida es digna de ser vivida cuando se la comprende bien.

2. Aprendemos también a gobernarnos, y por ende a desarrollarnos.

3. Aprendemos a ayudar del modo más eficaz a los que amamos; a hacernos útiles a todos aquellos con quienes nos ponemos en contacto, y finalmente a ser útiles a toda la humanidad.

4. Aprendemos a mirar todas las cosas desde el más amplio punto de vista filosófico, jamás desde el mezquino y único lado personal.

De todo esto resulta que:

5. Las vicisitudes de la vida no son para nosotros tan penosas.

6. No vemos en todo cuanto nos rodea y en nuestro destino injusticia alguna.

7. Estamos completamente libres del temor de la muerte.

8. El pesar que nos produce la muerte de aquellas personas a quienes amamos se mitiga en gran parte.

9. Obtenemos una percepción completamente distinta de la vida después de la muerte, y comprendemos su utilidad en nuestra evolución.

10. Estamos completamente libres de todos los temores y tormentos religiosos referentes a la salvación del alma, por ejemplo, ya sea con respecto a nosotros mismos o a nuestros amigos.

11. No nos vemos asaltados por el temor que produce la incertidumbre de nuestro destino futuro, sino, por el contrario, vivimos en una calma y serenidad perfectas.

Para nuestro objeto basta con estas líneas generales, para que el lector comprenda por ellas el auge de la teosofía en nuestros días.

La teosofía ha sido la primera en admitir la comunicación con el más allá, sin mezclar la idea del satanismo, que hasta entonces, había mancillado la fe, en la exteriorización parcial del mundo invisible.

La teosofía tuvo adeptos desde el siglo XVIII. Aunque muy cercanos a los espiritistas respecto a ciertos puntos, en varios otros se apartan de ellos.

Sostienen que el hombre es un espíritu que fué antes divino y que caído en el orden terrenal tiende a volver a su prístino estado.

Si los teósofos creen en la transmigración por evoluciones sucesivas, piensan que el conocimiento de Dios debe ser revelado por la Naturaleza. Admiten que el deseo de perfección pueda elevarse hasta conquistar el favor de la Divinidad, con la cual el hombre será digno de entrar en unión cuando habrá cumplido el ciclo entero que ha de conducirlo a la última expresión de la perfección.

La evolución de los hombres durante la vida astral o su reencarnación, será siempre ascendente, es decir, que las virtudes que ha adquirido serán su propiedad eterna. El alma, pues, no nace formada por completo por un Dios caprichoso que distribuye a gozo y capricho, el vicio o la virtud, el genio o la imbecilidad: creada simple e ignorante, va elevándose por sus propias obras, se enriquece a sí misma recogiendo en la presente los frutos de sus vidas anteriores y siembra para sus vidas futuras (1).

Así, pues, el alma construye su propio destino; grado a grado va ascendiendo del estado inferior y rudimentario hasta la más alta personalidad, desde la inconsciencia del salvaje hasta la superioridad de esos seres sublimes que iluminan el camino de la historia y pasan sobre la tierra como un rayo divino.

La penetración de los misterios del ocultismo forma parte de la doctrina teosófica. En ella se enseña también que el hombre posee muchos vehículos correspondientes cada uno a uno de los planos de la materia subdivida. Esos vehículos sirven al cuerpo astral para transportarse a través de las regiones supraterrestres.

(1) Véase *La Reencarnación o Ley de Karma.*

Los espiritualistas, como los teósofos, y tantos otros creen en la inmortalidad del alma, a la cual designan con el nombre de elemento astral.

Al desaparecer el hombre de la vida terrestre el cuerpo astral persiste, así como el ser psíquico; pasan ambos al plano astral y constituyen un Espíritu.

Los espíritus errantes, es decir, las almas desencarnadas, que flotan en el espacio interplanetar, a veces se manifiestan por ruidos o señales, sensibles a los ojos y a los oídos de los mortales.

Atraídos por el ambiente moral del lugar en donde se les evoca, se ponen en comunicación con aquellos que saben establecer lazos entre ellos y los vivientes.

El ejercicio iluminado del espiritismo, al provocar la unión de los fluidos espiritualizados de las almas en estado errante con los fluidos vitalizados del cuerpo humano, ha dado con frecuencia resultados estupefacientes para aquellos que sólo ven la materia. Para los convencidos esas experiencias no admiten la menor duda, pues parten del principio de que el alma es indestructible, y las manifestaciones ocultas de las cuales muchos de ellos han participado han venido a afirmar una fe cuyo origen es tan poderosamente consolador que no se puede menos que envidiar a cuantos la poseen.

Para los espiritualistas, la muerte no es la obsesión terrible que asalta a tantos seres en este mundo; es una transformación necesaria y una evolución hacia la suprema felicidad. La separación tampoco es nunca definitiva, y para los adeptos de esta ciencia, un pariente muerto está mucho más cerca que un pariente que viva en un continente lejano.

Lo mismo que los espiritistas, los espiritualistas gustan de evocar las almas desencarnadas y a pedirles consejo, y según esta doctrina, las enseñanzas de los Espíritus superiores, los consejos de nuestros amigos de ultra tumba, ejercen sobre nosotros una impresión más profunda que todas las exhortaciones humanas.

Pero para esa comunicación se precisa la intervención de seres con facultades especiales que no son, por lo tanto, comunes a la generalidad.

Esos seres son los "mediums", los cuales, como cierto autor dice, vienen a ser los sacerdotes de esta religión.

Los privilegiados que tienen el don de evocar a

los espíritus se dividen en varias categorías, cada una de las cuales marca una facultad más acusada por una fuerza fluídica y radiante, cuya concentración en un punto del cerebro produce los fenómenos que tanto impresionan a los que están mal iniciados en los misterios del más allá.

Se puede clasificar a los mediums en *tiptólogos,* que son los que provocan los ruidos y golpes en los muebles, puertas y mesas; los *parlantes,* que son los que traducen las impresiones sugeridas por los espíritus; los *escribientes* que son los que escriben lo que los espíritus les dictan; los *motores* que en estado de tránsito producen a profusión el fluido vital, y pueden imprimir movimiento a objetos inertes, por el solo hecho de quererlo; los *videntes,* los cuales descubren misterios que permanecen ocultos para los demás; los *oyentes* que reciben las comunicaciones de los espíritus y las relatan de memoria, etc.

En este momento y para los fines de este libro, nos interesa más especialmente lo que se relaciona con la videncia, clarividencia y telepatía. A esos fenómenos, pues, limitaremos por hoy nuestra atención.

V

EXPERIMENTOS DE CLARIVIDENCIA

El poder oculto de los médiums. — El tránsito medianímico es un equivalente de la histeria. — Experimentos de Wasiliemski. —El caso de un noble español.— ¿Se pueden explicar estos fenómenos sin la intervención de los espíritus? — ¿Es obra del subconsciente? — La Telepatía puede explicar muchas cosas, pero no todas.

CAPITULO V

Experimentos de Clarividencia

Descartada toda idea de fraude, que si en algunos casos ha podido existir tarde o temprano han quedado descubiertos, "en el momento actual" no es posible explicarse estos fenómenos sin la existencia de una *facultad oculta*, que poseen determinados seres que conocemos con el nombre de médiums.

La persona que lee un escrito oculto, en virtud de su facultad de clarividencia, *no puede explicar* el modo en que haya llegado al resultado; siendo buena la disposición psíquica, el resultado emerge de pronto de su espíritu y resulta ser acertado.

En la mayoría de los casos, la buena disposición psíquica va unida a caracteres mórbidos que se comprueban en casi todos los médiums, hasta el punto de que según Lombroso "en los fenómenos de tránsito domina el automatismo y el tránsito medianímico es un equivalente de la histeria, como la inspiración genial es el acceso epiléptico sobre un fondo de neurosis (1), como los fenómenos extraños de la hipnosis y del ensueño vienen de la disgregación y de la parálisis de las facultades normales, con predominio del inconsciente y del automatismo".

Así, pues, los síntomas histéricos que se encuentran en los médiums, lejos de invalidar sus facultades medianímicas, las explican por el contrario, del mismo modo que la neurosis explica los milagros del genio y del sonambulismo lúcido.

Entre los numerosos experimentos de clarividencia, por su carácter absolutamente desinteresado, son notables los del doctor Wasiliemski, del cual reproducimos aquí alguno de ellos.

El siguiente es sorprendente:

"Ensayo n.º 7 (86): Mientras celebrábamos los ensayos que acabamos de referir, se me ocurrió la idea de elegir como objeto de un ensayo de clarividencia, parte del cuerpo humano mismo. Poniendo inmediatamente en ejecución dicha ocurrencia,

(1) Lombroso-Hyspnotisme et Spiritisme.

propuse a la señorita de B. efectuar un reconocimiento anatómico intuitivo con el antebrazo de su prima, la señorita E. S. El experimento se efectuó en seguida. La joven señorita E. S., que vestía blusa de verano, de mangas cortas, colocó un antebrazo sobre la frente de la médium, la cual estaba tendida en el sofá. La descripción empezó poco menos que en seguida.

"Veo unas masas rojas... no son precisamente muy bonitas... con cosas blancas en medio... ¿Es que se necesitan todos estos detalles?"

Cometiendo una inexactitud intencionada, pregunté en primer lugar por "el hueso".

La médium: "Sí, ya lo veo... Pero, ¡si ahí hay dos huesos, no sólo uno! ¡Dios mío! ¡Elsa! ¡Tienes dos huesos en el antebrazo! De seguro eres un fenómeno".

Ambas señoritas se echaron a reír. Les dije que el antebrazo debía tener realmente dos huesos, y pregunté por más detalles.

La médium: "Con que... ya he dicho que veo unas masas rojas. Acá y acullá, en medio de todo eso, se ven unos hilos blancos, como de hilo de coser, pero aun más delgados. Pasan por en medio, desaparecen y vuelven a aparecer. Además, se ven también unas cosas longitudinales, delgadas, como cordones...

"Ahora, en la parte exterior, veo una cosa amarilla, como una capa amarilla". (Debía referirse a la capa de grasa).

"Realmente, Elsa, eres por fuera mucho más bonita que por dentro."

Tras breve pausa, continuó: "Ahora lo veo todo más claro. A lo largo de los huesos se tienden unos hilos largos y delgados, como cuerdas de violín. No está muy feo eso. Luego hay también otras cositas. Ahora veo unos tubos de color violeta, varios, que corren los unos al lado de los otros y hacen toda clase de flexiones. Y desde esos tubos parten, como irradiaciones, unas cosas pequeñísimas; en algunos sitios parece como si los tubos mayores estuviesen rotos por ahí".

Indudablemente, la médium se refería a los vasos sanguíneos y a la red capilar.

La médium: "Los huesos no son del todo redondos; en un lado parecen tener una cosa como una incisión; me refiero al corte transversal. Realmente, Elsa, por dentro te pareces a una cosa petrificada; hay cierto parecido con una planta de corales. Se ven formas muy extrañas".

Después de intercalar una pausa de diez minutos, reanudamos el ensayo.

La médium: "Los huesos no son una masa sólida. En medio veo una cosa muy mona, de color claro mezclado con color de rosa, como de salmón, como salpicado. Y alrededor hay una cosa blanca, sólida dura. Lo otro, lo de color de salmón, es también sólido, pero flexible".

No añadió la médium nada más, respecto de la médula ósea. Antes de dar por terminado el ensayo, pregunté si no veía las venas y la sangre y si no podía distinguir el movimiento de la sangre.

La médium: "Ya le he dicho que veo esos tubitos de color lila. Creo que ese color es debido más bien a la piel que tienen por fuera. Es una piel muy tensa. Por dentro está todo lleno de una cosa obscura bastante espesa, pero no distingo movimiento alguno... Espere usted: sí que veo algo, pero... vamos, es como si de vez en cuando se diera un golpe, en esos tubos. Cuando se da el golpe, los alrededores parecen estremecerse y quedar rechazados, pero vuelven siempre en seguida".

Dimos por terminado el ensayo, el cual había durado en total 40 minutos, incluso la pausa de diez minutos."

Desde luego, no pretendemos demostrar con este ensayo lo mismo que con los restantes de este capítulo. Si se tratase de una experiencia aislada, el crítico podría suponer que la señorita de B. disponía de suficientes conocimientos de anatomía, para poder gastarnos la broma de fingir una clarividencia. Pero en el conjunto de la presente obra, semejante hipótesis perdería mucho de su ya escasa probabilidad. Aquí sólo se podrá dudar de si se trataba de clarividencia o de telepatía. Sin embargo, todas las probabilidades hablan en contra de esta segunda suposición.

La descripción dada por la médium era sumamente interesante, precisamente porque revelaba a la legua su calidad de lega en esta materia. Me inclino a creer que habría de resultar sumamente difícil dar una descripción como la que antecede, precisamente si existen conocimientos anatómicos positivos. Por lo demás, la señorita de B. afirmó no tener tales conocimientos, afirmación que, para mí, holgaba del todo, puesto que yo ya lo sabía. Toda la estructura espiritual de la señorita de B., sus gustos respecto de lectura y estudios, eran opuestos a esta clase de conocimientos. Tampoco era posible una preparación de parte de ella, puesto que el ensayo se improvisó, conforme ya hemos apuntado.

Todas las indicaciones eran exactas. Describió la médium en primer lugar la roja carne muscular. El antebrazo tiene dos huesos. Entre los legos, sobre todo entre las señoras, este hecho no es tan sabido y tan natural como se pueda creer. Intencionadamente dirigí luego esta pregunta a varias señoritas más, que tampoco estaban enteradas de la existencia de dos huesos en el antebrazo. Menos aún se les habría ocurrido pensar en los nervios y compararlos tan acertadamente con delgadísimos hilos de coser. Tampoco es natural, en un lego, la mención de la capa de grasa de color amarillo. Entre las señoras que no sean médicas ni enfermeras ayudantes de cirujanos, se ignora generalmente el hecho de que la grasa humana es amarilla. Con la mención de las "cuerdas de violín" longitudinales, la médium se refería sin duda alguna a los tendones del antebrazo. Los "tubos de color violeta" eran desde luego los vasos sanguíneos con sus capilares ("irradiaciones"). Los demás datos facilitados sobre los huesos y sobre la médula ósea, no necesitarán comentarios especiales. Toda la descripción es tan detallada y tan exacta, que nuestro amigo el ya mencionado cirujano Dr. O. Rothschild, se quedó estupefacto.

Además, choca en este ensayo el reconocimiento exacto de los colores. Físicamente, este reconocimiento podía quedar facilitado por el hecho de que la luz penetra también en los tejidos del brazo, por cuya razón los colores pueden apreciarse realmente como tales. Si se busca una explicación desde el punto de vista psíquico, el reconocimiento podía acaso basarse sobre un punto de partida: la médium sabía que la parte mayor del brazo, la carne, había de ser roja. También es posible que, durante este ensayo, la médium se hallase en disposición especialmente favorable para el reconocimiento de los colores. Es ésta una cuestión que no se solucionará tan fácilmente.

Digno de mención es también el hecho de que la médium no lograse distinguir el movimiento de la sangre, a pesar de mi pregunta. Una vez más se nos demuestra, con ello, el carácter puramente sensitivo del proceso; porque el movimiento de la sangre existía realmente; sólo que ella no lo "veía". Además, esta circunstancia acusa la ausencia total de toda telepatía, puesto que yo mismo, durante todo el ensayo, estaba esperando con interés la descripción del movimiento de la sangre, tanto que por último hasta me decidí a hacer la pregunta directa. Ahora bien, al reflexionar luego sobre este detalle, hube de comprender que el movimiento de la sangre *no puede verse*, puesto que la sangre tiene, exteriormente, un aspecto perfectamente uniforme, de modo que su corriente, su movimiento, que se verifica en el interior de un tubo completamente lleno, no resulta visible.

Desde entonces he dirigido a varias personas cultas la pregunta de si, según su opinión, no era muy extraño el hecho de que, en una descripción tan detallada, se hubiese omitido la descripción del movimiento de la sangre. Todos los individuos preguntados coincidieron en hallar muy extraña esta omisión, igual que yo mismo al principio, de lo cual se desprende que, sin reflexión detenida, todos nos inclinaremos a tomar por visible el movimiento de la sangre. En cambio, la médium distinguía las pulsaciones y conviene hacer constar que, entre legos, generalmente se ignora que la pulsación resulta perceptible en cualquier punto accesible de una arteria.

Por último el detalle del movimiento de la sangre constituye un hermoso certificado de sinceridad, para la señorita de B., la cual no se dedicó a describir lo que no veía, a pesar de que sabía muy bien que la sangre circula en las venas, pues esto la sabe toda persona culta.

Th. J. Hudson, el benemérito investigador de las ciencias ocultas, abogó por la llamada "ley de la sugestión" adjudicándole una validez universal en todos los fenómenos ocultístico-psíquicos. Esta ley fué luego admitida también por todos los demás autores de fama. Sin embargo, el ensayo que acabamos de describir, demuestra de un modo inequívoco que las declaraciones de la médium no estaban de ningún modo sometidas a una sugestión, formando agudísimo contraste con las declaraciones que suelen hacer las personas hipnotizadas.

Inmediatamente después de este último ensayo hicimos otro, con el dedo pulgar de otra persona. También aquí el resultado fué positivo. Sobre todo el hueso y los tendones fueron descritos admirablemente."

No ha mucho, en España, el hijo de un título de la nobleza castellana, sorprendió en primer lugar a sus familiares y luego a cuantos tuvieron ocasión de comprobar que poseía la facultad oculta de leer cartas cerradas, describir objetos encerrados en cajas, en una palabra, hacer cuanto nos relata Wasiliewski de su médium.

¿Cómo pueden explicarse estos fenómenos sin la intervención de los espíritus?

No faltan conjeturas. Se ha dicho, por ejemplo, que el médium extrae del cerebro de los asistentes la contestación a las preguntas, y hasta las imágenes y los fantasmas, que en seguida proyecta al exterior.

Pero esta proyección es bastante inverosímil y no puede explicar las pulsaciones, el calor, el peso y otros caracteres de los seres vivos que se comprueban en los fantasmas. Se puede admitir que los asistentes conozcan una lengua extranjera ignorada del médium y que puedan transmitirle mentalmente el conocimiento momentáneo de esa lengua, lo mismo que otros conocimientos, científicos y artísticos, manifestados por los médiums; pero no se comprende que los asistentes le sugieran aquello que ignoran, como ocurrió con la médium Mme. Piper que habló en lengua hawai que ninguno de los presentes sabía.

La telepatía puede explicar muchas cosas de este género, pero no todas.

VI

LA TELEPATÍA

La Telepatía figura entre las funciones que por no ser conocidas se denominan ocultas.—El ojo pineal del doctor Hureau.—Varios experimentos.—El fraude consciente es fácil evitarlo.—Conclusiones del doctor Waseliewski. - Refutación de impugnaciones.

CAPITULO VI

La Telepatía

Toda función, facultad, sentido o poder del alma que no sea conocido por la ciencia es designado con la denominación de oculto. No quiere decir esto que sea incognoscible, sino que lo es al presente para la ciencia o conocimiento experimental, fuera del campo de la hipótesis o conocimiento de causalidad.

En ese caso se encuentra actualmente la telepatía, no obstante ser admitida ya por algunos psicólogos modernos que se atienen a los hechos incontrovertibles y bien probados.

"La palabra "telepatía" significa y comprende todo el conjunto de experiencias, en las que un contenido psíquico determinado se transmite desde un individuo a otro individuo, sin la mediación de los órganos sensitivos comunes.

Según Hureau, el boceto del receptor telepático es un órgano conocido con el nombre de "glándula pineal", la cual se encuentra aproximadamente junto al cerebelo. Su puesto importante y su construcción constituyen un elemento misterioso para los fisiólogos.

El examen microscópico revela la estructura de un ojo extraño; delante, una especie de cristalino; detrás del cristalino una cavidad central llena de líquido y una falsa retina.

Este ojo pineal está unido al cerebro por haces nerviosos, llamados podónculos; y por muchos sabios es considerado este órgano como el órgano telepático en evolución.

Un pensamiento fuertemente concentrado, produce en él un ligero estremecimiento; luego, de la glándula pineal se establece una corriente magnética a través del éter cerebral y se comunica al éter exterior, para ir a impresionar al cerebro harmonizado, en el cual la imagen o el pensamiento aparecen en el ojo pineal del sujeto receptor.

El experimento más sencillo es el siguiente:

La persona A contempla un objeto determinado, con la intención de transmitir el resultado de dicha contemplación a la persona B; ésta queda colocada de suerte que le sea imposible ver el mencionado objeto y, excluyendo en absoluto sus propios pensamientos e imágenes, concentra su voluntad en reconocer y comprender lo que le quiera transmitir la persona A. De esta manera, y siempre que sean apropiadas las personas y las circunstancias, se establecerá la comunicación espiritual, casi siempre después de pocos minutos. Pero no es posible saber de antemano, si las personas y las circunstancias son apropiadas para el buen resultado del experimento.

Al iniciarse el éxito, la persona B empieza, poco a poco, a ver mentalmente o a sentir el objeto en cuestión, al principio en líneas y contornos borrosos. La imagen surge, para volver a desaparecer cediendo el sitio a otras figuraciones; pero, poco a poco, el contacto se afirma, se vuelve constante y la imagen adquiere forma fija y clara. Asimismo, en la descripción que de sus percepciones hace la persona B, va surgiendo un detalle tras otro, de modo que muchas veces los testigos asistentes al ensayo, que ignoran de qué objeto se trata, ya lo reconocen por la descripción, mientras que la persona B, no logra definirlo todavía. Frecuentemente, el ensayo termina en este estadio; otras veces, el médium llega a darse plena cuenta del objeto de que se trata. Sin embargo, en la gran mayoría de los casos, la comprensión vacila, no es segura ni absoluta. La descripción recurre a comparaciones, a un lenguaje hipotético: "Parece que es una copa". "Es como si fuera un libro". "Acaso sea un cigarro". Sólo en los casos muy favorables, el médium llega a una conclusión segura: "Es tal cosa". "Tiene que ser esto".

En cuanto a la cuestión del engaño consciente o inconsciente, no es difícil evitarlo. B debe quedar en una posición que no le permita ver directa ni indirectamente (mediante espejo o reflejo) el objeto contemplado por A. Desde luego, A no ha de despegar los labios. Además, después de los primeros resultados positivos, se podrá aumentar suficientemente la distancia entre A y B, para excluir toda objeción en este sentido.

La objeción de la posibilidad de la llamada "lectura muscular" quedará desvirtuada en todos los ensayos en que no exista un contacto material entre A y B, por cuya razón convendrá efectuar los ensayos de esta manera. Sin embargo, entre dos personas que no hayan colaborado aún o al reanudar los experimentos después de una pausa larga, será conveniente hacer los primeros ensayos con contacto directo, puesto que este medio auxiliar favorece el éxito. Luego ya se podrá prescindir de todo contacto material. De todos modos se ha de evitar, también en los primeros ensayos, que B vea o mire a la persona A.

El doctor Waseliewski, refiere así sus ensayos:

"La disposición en nuestros primeros ensayos sistemáticos, era la siguiente: la señorita de B., mi madre y yo estábamos sentados junto a una mesa rectangular, ocupando la médium uno de los lados estrechos, mientras que mi madre y yo, a derecha y a izquierda de la señorita de B., ocupábamos los dos lados anchos. Delante de la médium, sobre la mesa estaba colocada una segunda mesa más pequeña, de manera que su tablero se elevaba verticalmente ante la cabeza de la joven. Dicho tablero vertical sobresalía considerablemente en ambos lados de la otra mesa, de modo que la médium no hubiera podido mirar por los lados ni por encima de tal barrera, sin levantarse de su asiento. Además, la joven fué observada constantemente por mi madre, la cual hizo constar que la señorita de B. quedaba inmóvil durante los ensayos, con la cabeza baja. En la habitación no había espejo ni objetos reflectores; las ventanas quedaban cubiertas, desde dentro, por cortinas cerradas, de modo que sus vidrios eran invisibles.

Así sentados los tres, me incliné sobre la mesa y, mientras que mi madre observaba sin cesar la médium, saqué del bolsillo el objeto en cuestión, depositándolo silenciosamente sobre la mesa, cubierta por un tapete obscuro. Concentrando miradas y pensamientos en el objeto, con el deseo de la transmisión, sostenía en mi mano izquierda la derecha de la médium, durante los cinco primeros ensayos. Desde el número cinco en adelante prescindimos de todo contacto, sin que los resultados hubiesen sido peores. Por último, se aumentó la distancia, sentándose la médium en otra habitación.

Ensayo n.° 1.: Objeto: Una cuchara de plata. Palabras de la médium: "Veo una cosa clara... reluciente, es redonda; pero... no, es ovalada".

Ensayo n.° 2: Objeto: Una pequeña cartera de piel verde. Palabras de la médium: "Esto es extraño... Es más obscuro que lo de antes. Es más largo que ancho. Ahora se vuelve blando..., flexible.

He de hacer constar que, en aquella fecha, no tenía experiencia alguna en la materia. No había asistido jamás a un ensayo telepático. Hoy ya puedo decir que aquellos primeros ensayos empezaron muy bien, tanto que, si los hubiésemos continuado, los resultados habrían sido mucho mejores. El caso es que yo, entonces, creía tener que obtener una descripción exacta casi en seguida. Además estaba poseído de una especie de manía de hacer pruebas rápidas con muchos objetos seguidos. Así es que variaban de objeto casi en seguida, después de haberme convencido de que ni siquiera existía la posibilidad de una visión hipnótica. Porque la descripción hecha por la médium, aunque parca y poco precisa, no contenía equivocación alguna.

Ensayo n.° 3: Objeto: Un naipe. Palabras de la médium: "Se vuelve transparente. ¿Será una botella?... ¿Es de cristal?"

Ensayo n.° 4: Objeto: Una esponja ovalada de goma, de color rojizo-obscuro, aplanada arriba y abajo. La descripción de la médium empieza casi al instante: "Una cosa redonda. Rojiza... Es más bien obscura. Es rojo-obscura. No es del todo redonda, sino más bien ovalada; pero queda plana arriba. Es una cosa blanda..., es elástica. Como si fuera goma. Es una cosa de goma".

Ensayo n.° 5: Objeto: Un tubito cilíndrico de metal niquelado, vacío, con tapa enroscada. Longitud: 8 centímetros. Mis notas resumidas son las siguientes: La médium hace, poco a poco, una descripción muy exacta, empezando por decir que se trata de un objeto vacío o hueco; primero lo califica de transparente, luego lo compara con un espejo y afirma por último, que se trata de metal reluciente, de forma cilíndrica. Terminado el ensayo, enseñé el tubito a la médium, la cual exclamó vivamente: "¡Sí, era esto. Lo he visto con tanta claridad, como si lo hubiese tenido en la mano!"

Animado por estos éxitos, renuncié en adelante al contacto de la mano.

Ensayo n.° 6: Objeto: Un cepillo de los dientes, cuyas credas están dispuestas en pequeños haces consecutivos, en forma de peine. Cada haz termina en punta, de manera que el cepillo forma, en su extremo, una línea dentada.

La médium: "Es una cosa plana, larga. El color

es... no sé qué color es. No se ve bien. ¿Es acaso un cuchillo?"

Contesto que no se trata de un cuchillo y suplico a la médium, se abstenga de preguntas, y siga observando con atención, en lugar de adivinar.

La médium: "De todos modos, es un objeto duro, no blando. Es duro, largo y plano, de color claro. Ahora veo que tiene una cosa... como si fuesen puntas o dientes. Parece que las puntas sólo están en un lado y... sí, ahí se ve una cosa sobresaliente. El objeto está allí más grueso. Sí, ya lo veo bien ahora. Las puntas son de otra cosa, como si fuesen pelos..., pero pelos duros, como de un cepillo. Allí, donde están los pelos, el objeto es mucho más grueso, luego sale como un mango. Diría que es un cepillo con mango. ¡Ah! Pero... ¡si es un cepillo de los dientes!"

En el ensayo subsiguiente sobrevino ya cansancio de la médium.

Ensayo N.° 7: Objeto: Un papel cuadrado, con un dibujo en cruz hecho ya previamente. Coloqué un lápiz junto a uno de los lados más estrechos del papel, de suerte que el total se parecía mucho a una banderita.

Después de varias indicaciones vagas, la médium insistió en la descripción siguiente: "Es un pedazo de papel de cuatro puntas, con algo encima." Y por fin añadió: "Parece que hay un dibujo encima." El lápiz no fué mencionado siquiera. Después siguió la frase, cuyo alcance me resultaba entonces algo obscuro: "Ahora ya no veo nada." Conforme pude convencerme por los ensayos posteriores, estas palabras, o bien la frase: "Ahora todo se ha ido", significaba que se había interrumpido el contacto psíquico.

Estos siete ensayos efectuados en el transcurso de una hora escasa, tenían para mí una importancia positiva, a pesar de su modestia; su resultado me demostró de un modo convincente, que las comunicaciones de Lodge y de otros autores sobre telepatía, se basaban sobre una verdadera realidad. Quedaba excluída toda posibilidad de engaño. Toda la tan sencilla disposición de los objetos y de la habitación en general, garantizaba la imposibilidad de un fraude. El tablero colocado delante de la médium tenía un espesor de dos centímetros; no había en él rendija ni agujero alguno. Además, no sólo mi madre sino también yo vigilábamos constantemente a la médium. El más mínimo intento que hubiese hecho la señorita de B., para asomarse por encima o en los lados del tablero, hubiera tenido que ser notado inmediatamente por mí mismo.

Habrá acaso críticos que traten de explicar el resultado de estos ensayos, por la casualidad, por la lectura muscular, por hipersensibilidad de la médium o por una ayuda prestada por mí mismo a la médium, mediante preguntas u otras palabras.

La casualidad no me parece ser una explicación satisfactoria de estos ensayos. Cuando menos, había de ser dificilísimo a la médium se le ocurriese pensar casualmente en una esponja de goma o en un cepillo para los dientes.

La posibilidad de una lectura muscular queda totalmente excluída en los dos últimos ensayos, en donde no había contacto material alguno. Y si el acierto en los cinco primeros hubiese sido debido a la lectura muscular, los ensayos n.° 6 y 7 no habrían podido dar resultado alguno, o bien, su transcurso habría tenido que ser muy diferente del de los primeros ensayos. Además me parece del todo inverosímil que la lectura muscular pueda dar resultados que se parezcan a los que se consiguieron en los ensayos n.° 4 y 5, aunque no me permitiré negar la posibilidad de una lectura muscular.

Tampoco es admisible hablar, en el caso presente, de una hipersensibilidad, puesto que la médium no podía servirse ni de la vista ni del tacto. Como ya he dicho antes, la señorita de B. tenía la cabeza baja durante los ensayos, mirando el tablero horizontal; pero, aunque hubiese dirigido sus miradas al tablero vertical que la separaba del objeto del ensayo, no creo que exista una hipersensibilidad de la vista, que permita ver a través de una plancha de madera de 2 cm. de espesor.

Yo mismo no presté ayuda alguna a la médium, ni consciente ni inconscientemente, puesto que yo mismo era el primer interesado en que los ensayos se verificasen de una manera que no diese lugar a dudas. Unicamente en el ensayo n.° 6 desplegué los labios, para negar que se tratase de un cuchillo y para suplicar a la médium se abstuviese de ulteriores preguntas. Nadie querrá hacer depender de tal intervención el éxito final del ensayo. En general, creo que la objeción de la ayuda se ha exagerado mucho. Será muy natural que *una tercera persona*, un testigo que desee convencerse de la buena fe de ambos experimentadores, vigile a ambos, para que no tenga lugar, entre ellos, un juego de palabras previamente convenidas. En el caso nuestro, no cabía buenamente semejante argumento. No estábamos tratando de convencer de nada a nadie; a lo sumo, a nosotros mismos. Además, los individuos que, en el escenario público o en los salones particulares, ejecutan experimentos de adivinación mediante una conversación previamente convenida, no estarán jamás capacitados para realizar ensayos de la índole de los que acabo de describir. En tales experimentos, el lenguaje de la persona que adivina, se diferencia muchísimo de las frases características de un médium telepático.

Después de todo ello, no queda ya más que una sola explicación para el resultado de mis ensayos con la señorita de B.: la telepatía. Desde luego, el éxito obtenido no había de significar para mí un resultado definitivo y concluyente. Fuí yo mismo el primero en reconocer que los dos primeros ensayos eran incompletos, que el tercero había dado un resultado negativo y que el séptimo no podía calificarse como muy característico, de suerte que sólo quedaban tres resultados positivos y convincentes. Cierto que la proporción de tres éxitos entre siete pruebas, no podrá llamarse una proporción desfavorable. Sin embargo, me abstuve de hacer deducciones de mayor alcance, prefiriendo esperar los resultados de los ensayos ulteriores.

Hoy día creo poder afirmar que, descartadas las posibilidades de la casualidad, del engaño, de la lectura muscular y de la adivinación, lo único que puede parecer problemático en estos ensayos, es la cuestión de si se trataba de telepatía o de clarividencia.

Con este problema "¿telepatía o clarividencia?" tropezamos muchas veces. Sobre todo en un caso como en el de la señorita de B., en donde se registran ambas facultades, será muchas veces del todo imposible decir con seguridad, si se trata de lo uno o de lo otro. Además, en todos los ensayos telepáticos hechos con objetos, existe siempre la posibilidad de que la visión hipnótica haya desempeñado un papel en el éxito obtenido. También puede suceder todo lo contrario, y hasta se verán grupos enteros de experimentos en los que parecen manifestarse a la vez ambas facultades.

VII

TRANSMISIÓN DEL PENSAMIENTO

Los fenómenos telepáticos. — Experimentales y espontáneos.—Los primeros experimentos. — Los actos automáticos. — Telepatía espontánea. — La aparición de imágenes constituye una transacción entre la transmisión del pensamiento y la Telepatía.

CAPITULO VII

Transmisión del Pensamiento

En más de una ocasión hemos tratado de la transmisión del pensamiento en nuestros anteriores libros, comprobado su exactitud y señalado sus efectos (1).

Sobre ese fenómeno se basa la gran ley del Pensamiento Magnético, o de la Fuerza del Pensamiento que tanta i:mportancia adquiere en la vida del hombre.

Haremos un somero examen de los fenómenos telepáticos, tanto aquellos que se producen por la vía experimental como espontáneamente.

Por primera vez se observó la transmisión del pensamiento en estado magnético, y fueron hechas estas observaciones aquí y acullá, en corto número,

---

(1) Véase *La fuerza del Pensamiento*, del mismo autor, publicado en esta Colección de obras de Atkinson.

sobre todo en Francia por los años de 1825 a 1850. Pero para nuestro objeto, los fenómenos interesantes son aquellos que se han producido en el estado de vigilia y de éstos nos ocuparemos preferentemente.

En el otoño de 1876 el profesor W. F. Bonet, en una nota que leyó en la Asociación Británica, de Glasgow, llamó la atención sobre algunos hechos notables que había observado en sujetos hipnotizados. Las discusiones que se entablaron en la prensa dieron ocasión al mentado profesor de hacer alusión por primera vez a una facultad de transmitir el pensamiento, independientemente del magnetismo.

Las circunstancias en que este artículo apareció fueron muy favorables a este género de investigaciones: se había logrado que la atención se fijara en ellas gracias al juego de sociedad conocido con el nombre de *willing game*, que consiste en hacer ejecutar por una persona cogida de la mano, una acción convenida de antemano con otros asistentes. Parece ser que cuando la persona consigue realizar dicha acción es debido a una interpretación inconsciente de ligeros movimientos involuntarios de aquel que la tiene de la mano.

No podía, pues, este juego proporcionar documentos útiles para el estudio de la transmisión del pensamiento; pero había prestado el servicio de interesar al público en esta clase de cuestiones.

Al mismo tiempo se hacían observaciones análogas en los Estados Unidos.

En el *Detroit Review of Medicine*, de agosto de 1875, el doctor Mac Graw decía que algunas de esas experiencias no podían explicarse de una manera satisfactoria por la hipótesis de los movimientos musculares inconscientes.

Pero todos esos fenómenos eran, sin embargo, demasiado vagos para que fuera fácil deducir algo, y las probabilidades de error eran muchas. Resultaba difícil separar lo que en los fenómenos pertenecía a la interpretación de los movimientos inconscientes de aquello otro que correspondía a la transmisión hipotética del pensamiento.

No se tardó en advertir que el contacto no era necesario para la transmisión de una impresión y que se podía sin intervención de ningún signo, no tan sólo ordenar actos, sino hacer describir un objeto pensado por un experimentador.

Las experiencias de M. Richet y de Miss Wingfield dieron un resultado muy notable a este respecto.

Además de las transmisiones de ideas y pensamientos, dieron resultado satisfactorio las experiencias sobre transmisión de sensaciones, realizadas en 1883 por Mr. Guthrie y seguidas luego con la colaboración de Mr. Myers.

Otra clase de experiencias se han llevado a cabo. Nos referimos a los casos en que la consciencia del sujeto no interviene, y que pueden dividirse en dos especies.

A la primera pertenecen los actos puramente automáticos; a la segunda, por el contrario, los fenómenos en que alguna idea de lo que había de hacer ha precedido o acompañado el movimiento muscular.

Hablemos primeramente de los hechos de la segunda categoría.

Con frecuencia hemos comprobado que un experimentador podía, sin hablar, por una simple orden mental, impedir a un sujeto que ejecutase un movimiento.

En las experiencias de esta especie es muy difícil asegurarse que la idea consciente de la acción que el experimentador ordena o prohibe, no preceda o por lo menos no acompañe los movimientos musculares. Tenemos un procedimiento mejor para estudiar los fenómenos inconscientes de esta especie, la escritura automática.

Si las palabras escritas automáticamente por el sujeto corresponden al pensamiento que estaba en la imaginación del experimentador, será preciso admitir que ha habido una acción del pensamiento de éste sobre el de aquél.

Son muchos los ejemplos recogidos de esta forma motriz de telepatía experimental.

A menudo el sujeto ha contestado escribiendo la contestación a una pregunta que se le había dirigido mentalmente, sin que tuviera la menor consciencia de la pregunta ni de la respuesta.

Es preciso tener en cuenta que en los casos de telepatía experimental, la idea y la palabra transmitidas parecen con frecuencia no haber estado presentes en la consciencia del agente. La idea de que existe una inteligencia inconsciente lo mismo en el agente que en el sujeto, se impondrá así que tratemos de la telepatía espontánea. Los fenómenos estudiados por M. Richet nos permiten igualmente deducir que lo que obra no es la voluntad sino la idea que ocupa consciente o inconscientemente la imaginación del experimentador, como más recientemente ha establecido la llamada escuela de Nancy de M. Coué.

En los casos de telepatía espontánea, el agente no ejerce ninguna acción consciente ni voluntaria y la persona que experimenta la impresión no espera experimentarla de antemano. Pero hay casos en que un experimentador trata de ejercer una acción sobre su sujeto que no está prevenido; y de esos casos nos ocuparemos ahora, como tránsito entre las transmisiones experimentales de los pensamientos y los casos de telepatía espontánea.

A veces son ideas y sensaciones lo que se trasmiten de ese modo, otras son órdenes más o menos exactamente obedecidas.

Al principio parece que sea la orden de ejecutar tal o cual movimiento lo que se transmita con más facilidad, pero es esta una idea que en realidad carece de fundamento.

Muchas personas afirman que pueden hacer volver la cara a otras en la iglesia o en el teatro; pero se trata de afirmaciones vagas que no están del todo probadas. Aun en los casos en que tales fenómenos sean reales, pueden explicarse la mayoría de las veces por sugestiones que no tienen nada que ver con la transmisión del pensamiento. Con mucha frecuencia existe una influencia general del operador sobre el sujeto, influencia que se ejerce aun en ausencia del operador y que basta para explicar los hechos sin que haya necesidad de recurrir a un acto especial de voluntad.

Existen casos en que personas, que parecían hallarse en un estado absolutamente normal, se han visto obligadas por la voluntad de otro a cometer acciones que no querían hacer; y esto se atribuye al gran poder magnético del operador.

Conviene decir ahora algo respecto al papel de la voluntad en las experiencias telepáticas. Es innegable que la voluntad del operador desempeña en estas experiencias un papel activo; pero con frecuencia se exagera la extensión de su acción.

En la transmisión del pensamiento ordinario su papel probablemente se limita a determinar una concentración enérgica de la atención del agente sobre la sensación o la idea que desea transmitir. El experimentador desea naturalmente que la experiencia resulte, pero aun suponiendo que deseara que fracasase, nada demuestra que ese deseo tenga la menor influencia en el resultado, con tal que su pensamiento conserve la concentración necesaria.

El caso varía algo cuando se trata de un movimiento a ejecutar. Nos imaginamos más fácilmente dirigir los movimientos que el pensamiento de un sujeto. Pero aun en ese caso no hay bastantes razones para creer que gracias a esa fuerza de voluntad ha hecho ejecutar el operador al sujeto los movimientos que desea. Lo que se le ha sugerido al sujeto es una imagen motriz que determina directamente movimientos musculares.

Es de notar que en la mayoría de las veces las acciones ejecutadas por el sujeto son muy sencillas, y que el sujeto y el operador se encuentran a una distancia muy corta uno de otro.

Veamos ahora los casos en que se trata de transmisión de ideas y sensaciones.

En las experiencias de transmisión de pensamiento el sujeto se pone a sí mismo en estado de receptividad, la espectativa desempeña un papel incontestable: estas son condiciones favorables que no existen cuando el sujeto no está prevenido de la experiencia que se va a hacer con él. Una idea que no va unida a ninguna emoción ni puede, según parece, ejercer en un espíritu que no está preparado a recibirla una acción bastante considerable para ser prohibida. Aun en el caso de que lo sea, vendría a ser como perdida en medio del conjunto de otras ideas, y el sujeto, que no estuviere prevenido de que se hace una experiencia con él, no conservaría ningún recuerdo.

La misma observación se aplica a los casos de telepatía espontánea. Tan sólo cuando la visión del sujeto coincide con una circunstancia muy impresionante de la vida del agente es posible la prueba. Pero puede ocurrir muy bien que en el curso ordinario de la existencia, se produzcan frecuentemente transmisiones de pensamiento que no tenemos medio alguno de comprobar.

Podrá objetársenos que establecemos un lazo de unión entre los resultados experimentales y los fenómenos de telepatía espontánea; pero ya se ha dicho que señalamos la presencia de ciertos fenómenos que son como una transición entre aquellos de transmisión experimental de pensamiento y los casos de telepatía espontánea; pero se podría sostener que hay un abismo infranqueable entre los fenómenos ordinarios de transmisión de pensamiento y las apariciones del agente.

La diferencia radical está en que el objeto que aparece no es aquel en el que estaba concentrado el pensamiento del operador. Hay casos en que el agente no piensa en él, en su forma visible. El aspecto exterior de una persona tiene relativamente poca importancia en la idea que se forma de sí mismo; y, sin embargo, tan sólo este aspecto exterior es el que percibe el sujeto.

Con esa misma dificultad tropezamos en los casos de telepatía espontánea; mientras que la impresión producida en el espíritu del sujeto no es más que la reproducción de una imagen o de una idea que existe en el espíritu del agente, se puede concebir un fundamento fisiológico a los fenómenos de transmisión de pensamiento; pero la interpretación de los hechos se hace mucho más difícil cuando no es la imagen la que está presente en el espíritu del agente que aparece al sujeto.

A muere y aparece a B, que se halla a una gran distancia de él. No podemos descubrir lazo alguno entre los dos fenómenos, al menos en el dominio de la consciencia clara.

Podríamos, sin embargo, concebir la acción del agente sobre el sujeto haciendo intervenir los fenómenos inconscientes; pero tal vez vale más reconocer todavía la dificultad y decir que en la aproximación que hemos intentado entre la transmisión experimental del pensamiento y de la telepatía espontánea, sólo hemos tenido en cuenta el aspecto psicológico de los fenómenos.

Colocándonos en este punto de vista, podremos establecer un cierto orden entre esas diversas clases de fenómenos, fundándolo en sus caracteres y no en sus causas hipotéticas, y tendremos derecho a afirmar que los casos de aparición de imágenes constituyen una transición entre la transmisión del pensamiento y la telepatía.

VIII

LA TELEPATÍA ESPONTÁNEA

Definición de la Telepatía espontánea. —El fenómeno telepático típico. — Las probabilidades de error.—La coincidencia. —La aparición de fantasmas.—Una estadística.— Cómo se tratan de explicar ciertas alucinaciones.—Si la ciencia no puede explicar estos fenómenos, la teosofía y el espitualismo nos ofrecen una explicación.

CAPITULO VIII

La Telepatía espontánea

Los fenómenos de telepatía espontánea son aquellos en que el agente no tiene ningún deseo de ejercer una acción sobre el sujeto, aquellos en que el efecto producido sobre él no tenía el agente la intención de producirlo.

El carácter de los testimonios que se pueden utilizar no es, por lo tanto, el mismo que en la transmisión experimental del pensamiento. Mientras en ésta el experimentador toma todas las garantías y precauciones necesarias para el mejor resultado de sus investigaciones, en la telepatía espontánea, tanto el agente como el sujeto, en el momento en que los sucesos ocurren ignoraban en absoluto que se pudieran utilizar tales hechos para demostrar la existencia de la telepatía, y hasta ignoraban que pudiera ser aprovechable para algún uso.

El testimonio en materia de telepatía es un testimonio de especie muy particular; es preciso examinar en qué consiste, para determinar dónde se pueden encontrar los puntos flacos.

He aquí en qué consiste el fenómeno telepático típico: A (el agente) ha muerto, B (el sujeto) estando despierto ha visto a A en su alcoba; los dos hechos han coincidido en el tiempo; la muerte de A, la visión de B, y la coincidencia de los dos hechos deben quedar establecidos por testimonios indiscutibles. Los errores pueden referirse a la muerte del agente, a la visión del sujeto, a la fecha de la muerte y a la de la aparición.

Las probabilidades de error son debidas, ante todo, al sujeto. El relato del sujeto es el que da existencia al caso que se ha de examinar, pues si no hubiera dicho nada no tendríamos testimonio alguno que comprobar, y la mayoría de las veces no podemos valernos más que del sujeto puesto que el agente ha muerto.

Hemos dicho que un fenómeno telepático consiste esencialmente en la coincidencia entre un hecho objetivo real y una coincidencia. Respecto al hecho objetivo es lo menos fácil de equivocarse. Cuando ese hecho es la muerte del agente (y es el caso más frecuente), no se concibe cómo pueda cometerse error en este punto. De todos modos si existe error es muy fácil de corregir.

Cuando el suceso no ha sido grave, de ordinario es bastante impresionante, para que el sujeto y los otros testigos hayan podido equivocarse; añadamos que en ese caso es fácil obtener el testimonio del mismo agente. En lo que se refiere a la visión del sujeto, las probabilidades de error son mayores. El testigo no puede aportar ninguna prueba objetiva en apoyo de los hechos que refiere; dice que ha visto, que ha oído o sentido algo, y no hay más que creer su palabra. Ninguna observación exterior, aun en el caso de que hubiese habido alguien con él en el momento de la alucinación, no puede demostrar que efectivamente ha experimentado las sensaciones que ulteriormente ha descrito.

Se puede decir que el sujeto estaba enfermo o que tiene una imaginación demasiado viva, o que se trata de un nervioso, y en ese caso no se puede aceptar como exacto el relato que haga. La objeción no es pertinente, pues lo importante no es saber si en realidad ha visto o sentido lo que se imagina, sino si lo imagina. Poco nos importa que el sujeto crea haber visto realmente a uno de sus amigos, cuando en verdad no ha hecho más que experimentar una alucinación; eso no impide que el fenómeno sea poco corriente y lo que precisa para que nos sirva de prueba es sencillamente que sea poco corriente. Lo único contra lo que hay que precaverse es que el sujeto afirme haber experimentado ciertas sensaciones que en realidad no ha experimentado. Mas esto es inverosímil, si cuenta las impresiones que ha experimentado antes de conocer los hechos reales con los cuales coinciden. Será preciso, pues, esforzarnos siempre en determinar si el sujeto ha hecho el relato antes de saber nada del agente; por esa razón las notas escritas en un diario en el momento en que los hechos han ocurrido, o las cartas contemporáneas de los sucesos, tienen tanto valor.

La coincidencia de una vaga impresión con la muerte de una persona no es una prueba tan definitiva en favor de la telepatía como la coincidencia de esa muerte con la aparición de la persona a uno de sus amigos. Pero, sin embargo, si el sujeto es un hombre inteligente, si afirma que no ha experimentado nunca alucinaciones, y que no obstante un día ha imaginado sentir a alguien a su lado; si es cierto que se hallaba solo y si esta ilusión coincide con la muerte de uno de sus amigos, el fenómeno será ciertamente una prueba de la realidad de las acciones a distancia.

Pero salta en seguida la objeción de si pueden o no considerarse esas apariciones como coincidencias accidentales.

Si pueden explicarse como casuales, la teoría de la telepatía, en lo que afecta a las apariciones, cuando menos, no es sostenible. Si esas coincidencias no pueden demostrarse de ese modo, entonces la teoría de la telepatía queda demostrada por los testimonios que se han reunido, y la única objeción que puede hacerse a esta prueba es que esos testimonios, o al menos una gran parte de ellos, no son dignos de fe.

Es necesario distinguir estas dos cuestiones. ¿Se puede uno fiar de esos testimonios? En el caso afirmativo, ¿qué es lo que prueban?

La segunda pregunta es la que al presente hemos de tratar.

En este capítulo admitimos que esos relatos, de un modo general, son dignos de confianza; que en la mayoría de los casos, los hechos esenciales, es decir, la aparición, la muerte y su coincidencia han sido relatados correctamente.

Lombroso ha dicho:

"Los sabios oficiales tienen tendencia a disimular y a negar los hechos rebeldes a las explicaciones, como por ejemplo las influencias tan increíbles de ultratumba. Sin embargo, no titubeo en repetir, a pesar de arriesgarme a la desconsideración, que los hechos espiritistas sólo pueden explicarse admitiendo que los difuntos conservan bastante energía para realizar, bajo la influencia de los mediums, más de lo que los mediums y los asistentes podrían hacer por sí sólos.

Las apariciones de fantasmas, estudiadas en el interesante libro *Fantasm of the Living*, de Gurney, Myers y Podmore, prueban por su mismo número su realidad. De 5.705 personas sometidas a su investigación, 96 tuvieron alucinaciones verídicas de fantasmas, 44 de personas muertas hacía tiempo, 13 de muertes recientes, 23 alucinaciones visuales de vivos dormidos o enfermos, y 150 aproximadamente de personas muertas en un espacio de doce horas.

Como esas cifras exceden en mucho la probabilidad accidental, y la mayoría de esas apariciones no han sido previstas, y un número crecido, 93, han sido vistas por muchas personas a la vez y en diferentes lugares y muchas han sido a un mismo tiempo visuales, auditivas y táctiles, hay que admitir la influencia del moribundo o de la persona muerta recientemente, sobre el fantasma pasajero que casi siempre sólo aparece una vez.

De esto parece resultar que la fuerza medianímica se une a otra transitoria, que debe ser la de los difuntos, cuya supervivencia parece probada por la tradición de todos los tiempos y de todos los países y por la observación experimental.

Hablaremos ahora, para terminar este capítulo, de algunos puntos de *contraste* entre las alucinaciones telepáticas y las alucinaciones puramente subjetivas, con objeto de demostrar que aunque entre las que se pueden considerar como telepáticas existe un gran número que sólo difieren de las puramente subjetivas en que son verídicas, el *grupo,* sin embargo, tomado en bloque, presenta algunas particularidades netamente marcadas.

La primera de esas particularidades es el gran *predominio de las alucinaciones visuales.*

Según Gurney, Myers y Podmore, de 5.705 personas tomadas al azar, 33 han tenido en un período de doce años, una alucinación auditiva (voz reconocida de una persona viva), entre las cuales 10 la han tenido más de una vez; 21 tan sólo una alucinación visual (aparición de una persona viva a la cual han reconocido) y 2 de entre ellas solamente la han experimentado más de una vez. Es digno de señalar que entre las alucinaciones que durante el mismo período han coincidido con sucesos reales, ha habido 21 visuales y 11 auditivas únicamente, 8 si omitimos 3 que se interesan los dos sentidos. Las apariciones visuales son 271, sin ningún elemento auditivo, y 85 alucinaciones auditivas sin elemento visual.

Esta diferencia sería una objeción seria para la teoría de la coincidencia fortuita, pues no se puede atribuir la desproporción a error de los testimonios; pero en cambio parece explicarse si se admite la teoría telepática.

En la mayoría de los casos auditivos, los sujetos refieren que se han oído llamar o que han oído una frase corta y familiar. La explicación fisiológica más natural de esos casos es que son debidos a una sacudida repentina del centro sensorial, fácilmente excitado por vibraciones a que está acostumbrado.

Las alucinaciones telepáticas consisten en una excitación que desciende de los centros ideacionales superiores a los centros sensoriales, por lo que se puede fácilmente suponer que el centro auditivo es más apto que el centro visual a la reviviscencia espontánea de las vibraciones, pero que la excitación que va de los centros ideacionales a los centros sensoriales, transforma rápidamente las ideas y las imágenes en percepciones alucinadoras y encuentra más fácilmente su trayectoria hasta el centro visual que hasta el centro auditivo.

En las alucinaciones puramente subjetivas, las apariciones reconocidas y las que no lo han sido, vienen a ser aproximadamente en número igual. Si nos limitamos a los casos en que un ser humano se ha aparecido, encontramos que de esas 5.705 personas, 17 han visto figuras sin reconocerlas; 21 las han visto y reconocido; 50 han oído voces que no les eran conocidas y 46 las han oído conocidas. De las apariciones telepáticas en forma humana 237 han sido reconocidas y tan sólo 13 no lo han sido.

Se podrá decir que si el número de los casos en que la persona ha sido reconocida es más considerable en el grupo de las alucinaciones telepáticas, eso obedece a que hemos tomado el hecho del reconocimiento como criterio del carácter telepático de una alucinación; pero a eso replicaremos que lo que nos hace juzgar que el caso es telepático es el hecho de la coincidencia y no del reconocimiento. Hasta podría sostenerse que esta objeción puede volverse contra nuestros adversarios; es muy posible, en efecto, que la mayoría de las personas sólo hayan pensado en notar la coincidencia cuando reconocen la persona que se les aparece. Esto haría aumentar en una enorme proporción el número de coincidencias que han pasado inadvertidas.

La acción de la telepatía no debe restringirse a esos ejemplos aunque la coincidencia es sorprendente y que nos sirven para demostrar su existencia, y dudaríamos antes de afirmar que las alucinaciones *no pueden* ser debidas a un agente ausente cuyo estado general no es visiblemente anormal, pero es digno de tenerse en cuenta la gran proporción de los casos en los cuales el suceso real es la muerte.

Ignoramos por qué el espíritu de un moribundo es particularmente apto para ejercer una acción telepática sobre otro espíritu, pero tenemos iguales razones para negarnos a atribuir a la casualidad la presencia de las apariciones que coinciden con una muerte, y para negarnos a atribuir al azar la frecuencia de los buenos éxitos en las experiencias de transmisión de pensamientos.

Si la ciencia no puede explicarnos por qué se producen esos fenómenos, necesariamente habrá que recurrir a otras explicaciones.

El espiritualismo y la teosofía nos las ofrecen.

IX

LOS AGENTES PSÍQUICOS

El espíritu sobrevive a la destrucción del cuerpo.—La dualidad espirituai.—La teoría de la subconsciencia.—Los centros psíquicos. — La consciencia cósmica.—Explicación científica de la Telepatía, según los ocultistas.—La Telepatía y los presentimientos.

CAPÍTULO IX

Los Agentes psíquicos

Ante la realidad de hechos supernormales o sobrenaturales, algunos hombres de ciencia empiezan a preocuparse de las causas a que puedan obedecer, y son muchos ya los que se declaran favorables a una hipótesis espiritualista, como el único medio y solución de su origen. Esto significa que no tan sólo el espíritu es reconocido como base y causa de la vida, sino que la misma vida, ser del espíritu, no es destruída por la muerte. Esta hipótesis espiritual prueba que la personalidad del hombre o la identidad, al menos la porción inteligente y espiritual, sobrevive a la destrucción del cuerpo.

Ateniéndonos, pues, a esta teoría, daremos aquí un breve resumen de los principios generales del espiritualismo (o sea la nueva forma del espiritismo anglo-americano) que facilitarán la comprensión de las leyes en que se funda la telepatía o comunicación de unos espíritus con otros.

Los espiritualistas hacen una distinción entre el alma y el espíritu, y establecen una demarcación entre esas dos partes del espíritu a que designan con el nombre de "dualidad espiritual", o sea el subconsciente y el superconsciente.

El subconsciente es una especie de consciencia obscura que, sin darnos cuenta de ello, despierta en las profundidades de nosotros mismos datos que jamás había pensado en establecer ni el alcance ni la coordinación.

El subconsciente es un agente al servicio del intelecto (1), que ejecuta las órdenes confusas que recibe, órdenes que el intelecto sólo percibe con frecuencia muy obscuramente.

Según los teósofos, especialmente aquellos cuya doctrina depende de la creencia india, el trabajo de la subconsciencia puede desarrollarse a través de una vida entera, y hasta a través de muchas encarnaciones sucesivas.

(1) Véase *La Consciencia interna*, volumen XXIX de esta Colección.

La teoría de la subconsciencia va ligada a la de la evolución, que es el eje de las religiones espiritistas y filosóficas. Hace posible el perfeccionamiento para todos, permite a los que ya han evolucionado desarrollarse más y deja a aquellos que se hallan todavía muy cerca de la obscuridad la facultad de llegar a la luz (2).

Myers ha demostrado en su libro *La Personalidad humana,* que hay en nosotros dos manifestaciones de la consciencia, independientes una de la otra: la consciencia y la subconsciencia, que se ignoran recíprocamente, pudiéndose manifestarse una a espaldas de la otra.

Mr. Grasset, por su parte, pretende que los hechos que antes se calificaron de ocultos y cuya existencia ha sido científicamente demostrada, y este es el caso de la telepatía, son explicados por el funcionamiento de los centros psíquicos. Reservándose su opinión sobre los hechos de desencarnación, cree en la existencia de una forma de radiación, que va de un sujeto a otro para sugerirle; y le parece deseable, desde el punto de vista de la ciencia, el descubri-

(2) Véase *La Reencarnación o Ley de Karma*, volumen XXXI de esta Colección.

miento de un nuevo agente psíquico, por lo que la extendería indudablemente.

Agrega que si conocemos diversas formas de la energía como el calor, la luz, el sonido, la electricidad, si el campo de los conocimientos se extiende a diario por el descubrimiento de agentes nuevos como los rayos X, las ondas hertzianas, etc., el campo de las radiaciones desconocidas es inmenso y todo nos hace suponer que excede la extensión de aquel cuyos elementos nos son familiares.

Nuestro subconsciente posee, según de Verme, reservas inmensas, por haber recogido y conservado en sus profundidades, como en vastos almacenes cerrados a la luz, todo cuanto nuestros ojos han visto y nuestros oídos percibido en nuestras existencias sucesivas.

Todos los psicólogos están de acuerdo en reconocer el subconsciente, que algunos llaman subliminal y al cual atribuyen propiedades maravillosas, creadoras de las facultades de telepatía y clarividencia.

Según otros metafísicos, los agentes psíquicos obedecen a la ley de reciprocidad: de donde se desprende que los pensamientos se atraen. De ahí nace el abandono, la simpatía, la confianza recíproca, pues las radiaciones producidas por los elementos psíquicos de que está formado el subconsciente obedecen a las leyes del cambio, el cual es sobre todo sensible en los casos en que los pensamientos son de la misma naturaleza, pues tienen entonces una tal afinidad que se combinan para formar una opinión definitiva.

Según Durville, la materia física entra en vibración bajo la influencia de las ondulaciones determinadas por la materia mental, las cuales se comunican a la materia astral que, poco a poco, vibra al unísono de la materia mental; y ese movimiento transmitido a la materia física es recibido en la materia gris, produciéndose entonces una transmisión de movimiento mental en movimiento astral, luego una transformación del astral en movimiento físico.

Como se ve, esta teoría hace participar a la subconsciencia de todos nuestros actos.

Posee además la subconsciencia, al decir de ciertos espiritistas, el poder de irradiar en la dirección del objeto material o inmaterial que quiere estudiar; y a ese respecto, muchos psiquistas admiten como manifestaciones de la subconsciencia fenómenos que podemos comprobar a diario, y de los que hemos hablado extensamente en nuestro libro *La Consciencia interna,* como obra de lo que llamamos allí los "duendecillos" que colaboran en nuestra obra.

Los adeptos de las ciencias ocultas admiten asimismo otra consciencia: la consciencia cósmica, que es un punto neutro situado entre el consciente y el superconsciente. Ese punto sólo es alcanzado por el hombre cuando ha llegado a un cierto grado de evolución y aspira al dominio puramente espiritual. Es una especie de deseo que hace involuntariamente ansiar la reunión con la consciencia universal, que es el Gran Todo.

La Consciencia Cósmica es conocida también con nombres que a todos nos son familiares: el éxtasis es una emanación de ella, como el Nirvana de los budistas y las otras formas que tienden hacia la integración en la materia universal.

Llegado a ese punto de evolución, el psiquista está en condiciones para la mezcla y fusión de los flúidos. Los agentes psíquicos, depurados en su alma, le dan la facultad de refugiarse en el astral abandonando su cuerpo físico, como se abandona un vestido pesado y molesto. La envoltura material no es ya para él más que un accesorio, del que le está permitido desembarazarse de vez en cuando, y cuanto más avanza en la perfección, más fácil le es multiplicar las evasiones.

Este dominio absoluto del periespíritu es la propiedad de algunas personas, de los mediums entre ellas, que obtienen a veces revelaciones sorprendentes, como son las telepáticas y clarividentes, para no hablar más que de las que en este libro nos ocupan.

¿Cómo explican la telepatía los espiritualistas?

La telepatía, sabemos, es la transmisión del pensamiento, y éste, según los psiquistas, puede transmitirse, como la telegrafía sin hilos, en forma de ondas. Algunos la comparan a un ser viviente de una especie efímera, que depende esencialmente de orígenes extraños. No nos detendremos en la definición del pensamiento, pues los lectores de nuestras obras saben a qué atenerse a este punto tratado en la mayoría de ellas, y porque además aquí queremos determinarlo simplemente en el sentido espiritualista, para explicar cómo los adeptos de esta doctrina y los que se ocupan de ocultismo comprenden la Telepatía.

El pensamiento, ser existente, se encuentra, según sus enseñanzas, proyectado en el espacio y cuando es formulado con un fin positivo, viaja hacia el que le han asignado. Es, pues, una comunicación entre dos espíritus, comunicación completamente intelectual de la cual son excluídos los sentidos. Por esa razón a veces toma el nombre de sugestión mental.

Sin embargo, esta última definción no es tan precisa, pues no siempre se trata de influencia en la telepatía, sino que por el contrario se trata de precisiones. A veces se ha demostrado en personas que ignoran las leyes más rudimentarias del arte de pensar y que han experimentado fenómenos, sin poder explicarlos y que hasta han encontrado una cierta dificultad en comentarlos.

La telepatía viene exclusivamente del subconsciente; es decir que el control de la consciencia ordinaria no tiene poder alguno en la transmisión del pensamiento que escapa totalmente a su influencia para obedecer únicamente a las órdenes del subliminal.

He aquí cómo explican científicamente la telepatía:

El alma está provista de una forma fluídica, de un organismo imponderable que tiene su vida propia y sus sentidos particulares: se llama, como acabamos de decir, subconsciente, superconsciente y subliminal. Gracias a ese agente fluídico el alma, durante la vida y durante el sueño se desprende de las influencias de la envoltura física, penetra en la materia, franquea los espacios y pertenece, a espaldas nuestras, a ese mundo invisible que rara vez nos es asequible durante la vigilia.

De esa forma fluídica se desprenden efluvios, invisibles a los ojos, que se exteriorizan a veces en ondas que se podrían comparar a las de un transmisor de telegrafía inalámbrica. También ocurre que esos efluvios se materializan hasta el punto de impresionar placas fotográficas o de aparatos registradores.

Es, pues, admitido que esas radiaciones puedan ejercer una acción a distancia y que un alma pueda comunicar con otra exteriorizando sus pensamientos que le transmite como podría hacerlo con un mensaje material.

Esta enseñanza admite que los pensamientos se propagan en el espacio como la luz y el sonido;

pero para fijarse han de encontrar otro organismo fluídico en completa afinidad con aquel que emite los pensamientos.

Las ondas psíquicas se extienden de ese modo sin límite de distancia y van a despertar en el alma, con la cual tienen una simpatía subconsciente, impresiones diversas debidas a la palabra o a manifestaciones tales que permiten ser tomadas en consideración por el espíritu concordante.

Todos sabemos que durante el sueño el alma recorre distancias considerables, y también que en un espacio de tiempo muy corto puede visitar de ese modo muchas personas que habiten países del mundo muy distantes. No es raro oír decir a dos personas diferentes dirigiéndose a una tercera: "Esta noche la he soñado a usted". Tampoco ignoramos que la noción del tiempo está abolida en los sueños, puesto que asistimos a largas peripecias y vivimos con frecuencia circunstancias muy complicadas, cuyo relato, aun muy abreviado, exigiría una duración doble de la del sueño.

Se ha tenido ocasión de comprobar muchas veces apariciones que se presentan a diversas personas a la vez, con el objeto de advertirles de un suceso grave. Esto prueba que si el alma no se hallara completamente libre del cuerpo, no podría hacer eso. Con efecto, si la inteligencia formara parte de la materia que se aniquila con la muerte, seguiría siendo propiedad de esa materia y desaparecería con ella, y por el contrario en el momento en que el organismo cesa de funcionar es cuando esa inteligencia supraconsciente despliega mayor actividad, como lo demuestran los muchos casos de telepatía, que en otro capítulo hemos señalado, referentes a moribundos que antes de abandonar esta vida, habían pensado tanto en un miembro de su familia o en un amigo, que a través del espacio las ondas de su subconsciente han ido a impresionar el espíritu de aquellos que sentían profundamente dejar.

Los numerosos casos de telepatía se explican por la llegada de un pensamiento transmitido en forma de movimientos ondulatorios. Estos movimientos transmitidos al cerebro lo hacen entrar en vibración y reproducen los mismos pensamientos.

A veces la telepatía toma la forma de visiones cuya significación no aparece siempre muy claramente; esos casos se denominan de clarividencia telepática, como hemos visto en los primeros capítulos.

Para terminar el presente diremos que no se debe confundir la telepatía con los presentimientos, pues éstos casi siempre son motivados por un estado de cosas que puede hacer temer o desear el suceso que se produce, que en no pocas ocasiones atraemos por efectos de una autosugestión que inconscientemente nos conduce a él, a fuerza de pensar constantemente en su realización.

El presentimiento obedece a un motivo, a una causa, mientras que la telepatía es una manifestación completamente inesperada de una visión o de un llamamiento que nada puede hacer prever y que con mucha frecuencia las circunstancias parece que deben alejar.

La telepatía, cuando se trata de la espiritualista que es la que ahora nos ocupa y no de la magnética o experimental, no es provocada nunca por una idea o una conversación que tenga por tema las revelaciones; se presenta en ocasiones con el aspecto de una visión extraña, pero siempre absolutamente ajena al objeto actual de las preocupaciones, y hasta mucho tiempo después no es posible comprobarla.

Es el resultado de las leyes obscuras que gobiernan las cosas del más allá como dice un conocido escritor, y que la ciencia trata constantemente de definir satisfactoriamente.

X

CONCLUSIÓN

Lo que nos proponíamos. — Algunas objeciones a las pretendidas explicaciones de la ciencia materialista.—Los fenómenos de Telepatía y Clarividencia son de índole meramente psíquica. — Una teoría de un sabio alemán.—Hay algo más que energía física en el hombre.— La fuerza del pensamiento es ilimitada, como provinente de «Quien todo lo puede».

CAPITULO X

Conclusión

Llegamos al fin de nuestro trabajo, en el que hemos procurado presentar al lector con toda fidelidad las opiniones diversas de las distintas escuelas que sobre los innegables fenómenos de Clarividencia y Telepatía se han emitido hasta el presente, dejando que el estudiante de esta materia se incline allí donde sus convicciones le indiquen.

Para terminar daremos también cabida a las palabras de un esclarecido escritor que ha profundizado en el asunto con todo desinterés.

Dice así el maestro:

"Son dos las posibilidades de explicación, respecto de clarividencia y de telepatía, o sea: una explicación basada sobre las ciencias físicas y naturales, y una explicación basada sobre la psicología.

La primera de estas dos explicaciones tratará de averiguar el modo en que se vencen los obstáculos de carácter material, local o temporal, que separan a la persona-médium del experimentador o del objeto mediador. Explicada la posibilidad de semejante puente, de semejante comunicación, la ciencia física y natural consideraría como resuelto el problema y como cumplida su misión.

Para explicar las comunicaciones directas, las ciencias físicas y naturales disponen de toda clase de "irradiaciones", de "vibraciones" y de "ondas".

Parece que la generalidad se explica de una manera excesivamente sencilla los fenómenos conseguidos o por conseguir, por el auxilio de tales irradiaciones, etc. Asimismo se suele recurrir con suma facilidad, como si fuese la cosa más natural del mundo, a la posibilidad de la existencia de rayos o emanaciones de índole específica desconocida, irradiaciones que parten desde todas las cosas, desde todos los objetos, traspasando sin dificultad alguna el espacio y todas las capas de todas las materias, etcétera, etcétera. En primer lugar, la existencia de semejantes irradiaciones no está ni mucho menos demostrada; en segundo lugar, ni aun estas irradiaciones, caso de existir, serían suficientes para servir de base a una teoría admisible respecto de la clarividencia y de la telepatía.

Sería enormemente difícil explicar la clarividencia por medio de las irradiaciones, vibraciones u ondas. Nos falta poco menos que todo, para semejante explicación. En primer lugar falta la prueba objetiva de la misma existencia de dichas irradiaciones con sus tan extrañas cualidades que, para el caso, serían necesarias. Falta, además, el órgano sensitivo necesario para acoger receptor y transformador (como lo es el oído); además, como que la persona clarividente siente también el tamaño y el aspecto, a través de las distancias y demás obstáculos, debería de tratarse, a la vez, de un órgano refringente (como lo es el ojo). Sería, pues, un órgano que reuniese ambas cualidades, unidas a las facultades extraordinarias que requieren los resultados obtenidos en los ensayos anteriormente descritos. Hasta ahora no ha sido demostrado por nadie, que ciertas personas dispongan de semejante órgano extraordinario, a pesar de que la ciencia ha explorado tan detenidamente la estructura exterior e interior de todos los seres vivientes en el globo terráqueo. Y si, a pesar de todo, existiesen personas dotadas de semejante órgano sensitivo extraordinario e inaudito, resultaría entonces por completo incomprensible, por qué no hayan de poder servirse constantemente y a toda hora, de tal facultad. Y aun se podrían enumerar muchas más dificultades y contradicciones.

Muy parecidos serán también los resultados que se puedan obtener por el examen de las irradiaciones mismas. Ante todo, en los fenómenos observados no hay ni un solo factor que abone la teoría de las irradiaciones. No se registran los efectos de la pantalla ni los de la filtración; la intensidad del efecto no disminuye con la distancia. No creemos que la ciencia conozca una especie de rayos o de ondas, que tuviesen la capacidad de producir semejantes efectos, rayos que no hallen obstáculo alguno en su camino que, a veces, es larguísimo, rayos que transmitan absolutamente todas las sensaciones, hasta las de índole puramente psíquica. Aun en la telepatía se podría pensar que a un determinado conjunto de figuraciones le corresponda, en el cerebro, un determinado conjunto de vibraciones, el cual (¡acaso!) pueda correr libremente por el espacio, pasar por encima o a través de todos los obstáculos, hasta llegar a otro cerebro, en donde reproduzca automáticamente el mismo conjunto de vibraciones y, por ende, de figuraciones. Es ésta una hipótesis harto atrevida que no tropezará con pocas dificultades, si hubiere de demostrarse prácticamente, con arreglo a un ejemplo determinado. Admitamos, sin embargo, siquiera por un momento, semejante teoría, para los fenómenos de telepatía. Para los fenómenos de clarividencia, en cambio, resultará del todo inadmisible, puesto que ahí ya no se trata de vibraciones producidas por un conjunto de figuraciones en un cerebro humano, sino mera y exclusivamente de vibraciones o irradiaciones de objetos muertos. Tendríamos entonces que ampliar la teoría, suponiendo que todo objeto emite las mismas vibraciones o irradiaciones que su figuración habría de producir en el cerebro humano. Cierto que semejante teoría podría servir de clave para muchas de las dificultades del problema, pero no para todas; además, sería talmente fantástica que no merece, en realidad, los honores de ser considerada en serio.

En resumen, podremos decir que sería realmente de desear que se encontrasen explicaciones basadas sobre las ciencias físicas y naturales y que no deberíamos de renunciar a las esperanzas de hallarlas alguna vez; pero al mismo tiempo hemos de hacer constar que, hasta ahora, dichas ciencias no nos han brindado ni un punto de apoyo utilizable, ni tampoco una posibilidad teórica que pudiera convencer a nadie. Porque los términos generales y lugares comunes de irradiaciones, vibraciones y ondas, no demuestran nada más que la frugalidad espiritual de los que con ellos se contentan.

El hecho de que las ciencias físicas y naturales no estén capacitadas, hasta ahora, para ofrecernos una explicación de los fenómenos en cuestión, es tanto más deplorable, porque contribuye poderosamente a desacreditar la ciencia oculta, como tal. La gran mayoría del público, aun del público culto, pasa con indiferencia delante de los fenómenos de índole oculta, o hasta los considera como engaños más o menos intencionados, porque estos fenómenos resultan imposibles e inexplicables, desde el punto de vista científico general. Y, naturalmente, no seremos nosotros los que discutamos al hombre su buen derecho de tratar con indiferencia las cosas que le parezcan imposibles; en cambio, nos parece muy discutible la cuestión de si esto es o no, justo y lógico."

*
* *

Después de todo lo dicho, hemos de considerar los fenómenos de telepatía y de clarividencia, como fenómenos de índole meramente psíquica. Dichos fenómenos tienen la particularidad de poder ser producidos sólo por algunas (pocas) personas, y ni aun por éstas constantemente o a toda hora; se producen, hasta cierto punto, arbitrariamente, muchas veces sólo espontáneamente, y no se desarrollan con la seguridad propia de las funciones psíquicas normales.

Una vez que admitimos el carácter puramente psíquico de estos fenómenos, ya no hace falta más explicación, en el sentido científico, ya que tal explicación tampoco se exige ni se encuentra respecto de las demás funciones psíquicas. Nadie creerá deber o poder explicar científicamente una sensación como tal, digamos por ejemplo "azul" o "dulce". Estos elementos psíquicos primarios han de considerarse como fenómenos originales o cosa análoga, y no tiene objeto alguno tratar de explicarlos desde el punto de vista de la comprensión científica. La ciencia sólo trata de explicarnos el lado puramente material, por ejemplo: huellas en el cerebro, para explicarnos la memoria. Y en la telepatía y en la clarividencia no conocemos o no existe siquiera el lado material, de modo que sería absurdo hablar de una explicación en el sentido psicofisiológico.

Si nadie ha logrado aún explicarnos la sensación del azul como tal, a pesar de lo cual todos la conocemos, sin extrañarnos mayormente, ¿por qué se exige con tanto ahinco una explicación científica de una sensación concebida por medio de la telepatía o por la clarividencia? Seguramente, sólo porque la sensación del azul es una cosa "muy natural", es decir, cosa de todos los días, cosa que entra en las facultades de todo el mundo, mientras que los fenómenos de la telepatía y de la clarividencia se registran raras veces. Lo milagroso, lo emocionante de estos fenómenos consiste meramente en su poca frecuencia. Si todos o siquiera la mayor parte de los hombres estuviesen dotados de esta facultad oculta, muy pronto todo el mundo "comprendería perfectamente" la telepatía y la clarividencia y lo encontraría todo "muy natural", aunque no lograse explicarse el porqué.

Para comprender mejor la clarividencia y la telepatía basadas sobre una cualidad psíquica, apuntaremos por lo pronto tres tesis fundamentales:

1.° La psique o alma humana posee la facultad de sentir de un modo directo e inmediato, sin servirse de los órganos corporales, toda clase de objetos y acontecimientos, como asimismo el estado de otras almas.

2.° En este modo de sentir, el espacio y el tiempo no desempeñan, probablemente, un papel esencial o, cuando menos, su intervención no tiene la importancia que les corresponde en las capacidades o fenómenos psíquicos basados o auxiliados por el uso de los órganos sensitivos normales.

3.° La clarividencia y la telepatía accionan en una región que, normalmente, es y queda inaccesible al estado consciente. Así es que la mayor parte de los individuos no se enteran nunca, o bien se enteran sólo en casos excepcionales, de lo que les ha sucedido a ellos mismos, en este sentido. En cambio, existen también individuos (pocos), en los cuales las sensaciones concebidas por telepatía o por clarividencia, pasan del estado de subconsciencia al estado consciente, espontánea o arbitrariamente. Son éstos entonces los individuos en los que estas facultades psíquicas se muestran accesibles a la observación, a la comprobación y al ensayo científico.

La primera de estas tesis deja abierta la cuestión de una mediación material. Lo principal es que los órganos sensitivos no intervienen. Si el cerebro participa o si no participa..., ¡arduo problema! No podemos, en este lugar, ocuparnos del gran problema de cerebro y alma, en toda su extensión enorme.

Por lo pronto, se ha de reconocer que los fenómenos se expresan del modo más natural y comprensible en una forma dualista. Se habla de alma y de cuerpo como dos cosas diferentes. A la vez se puede estar convencido 1.°: de que el alma no es una cosa en el sentido de una cosa corporal, y 2.°: de que también resulta perfectamente y a toda hora posible la reducción del problema hasta una unidad fundamental, en el sentido monístico. Por una parte es seguro que toda reflexión sobre el mundo nos ha de conducir a ideas dualistas. Por otra parte, todo individuo podrá a su libre albedrío considerar este dualismo meramente como los dos lados o atributos de un Algo único y fundamental; podrá creer en una raíz común, en la cual se anulan todas las contradicciones. Cierto que semejante figuración resulta estéril, para la ciencia. Si queremos trabajar científicamente, no nos queda más remedio que contar con el dualismo, y el concepto monístico no es más que una especie de teoría final, es meramente cuestión de creencia que, bien entendida, ni perjudica ni sirve de nada, para la ciencia. Nos hacen la objeción de que es cosa sumamente importante comprender la unidad del universo, pero no nos convence tal objeción, sencillamente porque no es posible *comprender* tal unidad del universo; sólo se puede *creer* en ella. La fe monística es una convicción mística como otra cualquiera. No trataremos de averiguar, si es una religión mejor o más satisfactoria o más práctica que las demás. Tendrá muchos atractivos la figuración de que Dios y Mundo, espíritu y materia son "en último término" lo mismo; pero esta figuración no modifica nada, ni crea nada; acaso, tampoco sirva de nada. Porque esta unidad, al manifestarse, lo hace siempre en forma dualista. Lo que, hacia dentro, es voluntad, sensación, pensamiento, resulta, hacia fuera, movimiento complicadísimo de átomos o de moléculas u otros procesos mecánicos. No serán los monistas los que nos expliquen satisfactoriamente el porqué. En cambio, la teoría monística sirve muchas veces de punto de partida para la idea absurda que presenta al alma como fenómeno cerebral. Con ello nos aproximamos ya mucho a la enormidad de los materialistas, que califica el alma como una especie de secreción cerebral.

El alma es el alma; el fenómeno cerebral es fenómeno cerebral. Ambos muestran, en sus manifestaciones, una "marcha" paralela, el llamado paralelismo psicofísico. Es ésta la teoría que a nosotros nos parece aceptable y más capacitada para convencer plenamente, o por lo menos, hasta cierto punto.

Respecto de la segunda tesis, hemos de decir que el hecho de que el espacio y tiempo no parezcan desempeñar papel alguno en la telepatía y en la clarividencia, puede constituir un guía seguro y capaz de mostrarnos el verdadero carácter de estos fenómenos. Porque si realmente estas facultades están, en sus manifestaciones, más allá de las condiciones locales y temporales, esto significa necesariamente que no forman parte del mundo de los fenómenos reales. Es éste el punto culminante de todas las teorías referentes a estos fenómenos; del juicio que se forme sobre este detalle, ha de depender necesariamente toda la valuación teórica.

Ante todo habremos de averiguar si semejante interpretación encierra o no una contradicción. Si toda experiencia empírica ha de quedar siempre en el marco del espacio y del tiempo, ¿cómo pueden existir experiencias que se salgan de tal marco, aunque sea solamente en parte? Por otro lado, la significación de la clarividencia y de la telepatía consiste precisamente en que se trata de experiencias experimentalmente demostrables, y no de meras especulaciones.

Despréndese de ello la necesidad de hacer una distinción, con cuyo fin recurriremos ya aquí a un detalle expresado en la tesis tercera. En esta última tesis queda establecido el hecho de que la clarividencia y la telepatía constituyen procesos subconscientes que, para llegar siquiera a nuestro conocimiento, tendrán que pasar primero al estado consciente. Semejante paso ha de significar necesariamente una transformación. Las percepciones concebidas fuera del marco del espacio y del tiempo, *no existen todavía en el alma como imagen local y temporal; para manifestarse y ser concebidas por la consciencia, tienen que transformarse previamente en imagen perceptible.* Es probable que esta transformación se verifique gracias a la intervención de la actividad cerebral y, según la intensidad de ésta, la imagen perceptible resultará más o menos perfecta y clara.

No sabemos si esta teoría convencerá a todos. A nosotros nos satisface, porque con ella, las dificultades del problema de la telepatía y clarividencia desembocan automáticamente en el gran problema universal de cuál es el papel que desempeña en el mundo el alma humana. El alma vió o sintió, y no nos enteramos de ello. Pero, apenas aquella visión o aquel sentimiento del alma penetra en el estado consciente, vemos y sentimos, aunque se trate de cosa lejana o de cosa pasada desde hace mucho tiempo.

Sin duda alguna, esta teoría tiene una ventaja. Gracias a ella, el problema ya no es un problema aislado, separado de otros problemas. Sólo es un problema más, mejor dicho, una nueva rama de un antiquísimo problema universal. Y aunque la experiencia como tal ha de quedar siempre dentro del marco del espacio y del tiempo, ya no existe la contradicción anteriormente apuntada, si distinguimos entre dos fases: el acto de la visión psíquica como tal, y su transformación en fenómeno perceptible por el estado consciente.

Además con esta interpretación, la facultad oculta de la clarividencia y de la telepatía ya no resulta cosa tan rara ni tan excepcional. Sólo es que permanece realmente oculta en la absoluta mayoría de los individuos. La fase primera es facultad de todos los hombres. En cambio, son raros los individuos en los que esta fase, esta concepción puramente psíquica, se transforma, espontáneamente u obedeciendo a la voluntad, en concepción perceptible por la conciencia. Esta transformación es un acto que tiene cierto parecido con la ocurrencia espontánea y casual y con el recuerdo intencionado y voluntario.

Después de haber hablado repetidas veces del estado de subconsciencia, nos creemos obligados a añadir unas cuantas palabras sobre este concepto. La palabra, como tal, puede encontrarse en cualquier diccionario, sobre todo en la terminología médica, en donde se expresa un hecho concreto experimentalmente demostrado. Para aclarar el concepto también para el lego, diremos que en el hombre se hallan presentes muchas cosas de carácter espiritual o psíquico, de las que él no sabe nada; por lo tanto, dichas "cosas" permanecen debajo del nivel de la consciencia. Unas veces se trata de cosas que hemos olvidado y que, por lo tanto, se han hundido debajo del nivel; otras veces serán cosas que se han introducido "furtivamente", ya por los mismos sentidos, sin que éstos se hayan dado cuenta, ya por la telepatía, por la clarividencia o por otros procesos ocultos.

En nuestra vida interna, la consciencia desempeña un papel parecido al de un reflector en medio de un paisaje nocturno. La mayor parte queda envuelta en las tinieblas, y sólo resulta iluminado un sector relativamente insignificante. Las investigaciones modernas han demostrado que, bajo determinadas condiciones anormales, pueden desarrollarse en el mismo individuo varias consciencias distintas, que se conservan durante un plazo mayor o menor. Son éstos los casos de los individuos que, tiempo atrás, se calificaban de "posesos" (poseídos por espíritus maléficos o, cuando menos, extraños), porque se identificaba entonces el limitado alcance de la consciencia, con el alcance total del alma. Hoy día ya sabemos que en nosotros caben muchas cosas extrañas y no sólo que caben, sino que también existen en nosotros. Esto no obstante, nos parecerán extrañas y nuevas, si emergen inopinadamente; porque la consciencia no estaba, antes, enterada de su presencia.

Podríamos distinguir en nosotros, tres zonas diferentes. La primera comprenderá todo lo que se halla inmediata y directamente presente en nuestra consciencia o lo que puede evocarse voluntariamente a toda hora; es la parte que conocemos, cada uno en sí mismo. La segunda zona corresponderá a todo aquello que, alguna vez, estaba presente en nuestra consciencia, habiéndose hundido hasta debajo del nivel, tanto que ya no podemos volver a sacarlo a la superficie, voluntariamente. Sin embargo, hay enfermedades que vuelven a sacar a flote aquellos recuerdos olvidados; asimismo podrán volver a emerger durante los ensueños o por efecto de la hipnosis o del sonambulismo. La tercera zona albergará todas aquellas cosas que nunca estuvieron en nuestra consciencia y que, al emerger, llevarán para nosotros el sello de lo extraño, del que nadie sabe la procedencia. A esta zona pertenecen nuestras experiencias de clarividencia y de telepatía y, probablemente, también muchas otras cosas más, que se manifiestan en los ensueños, a veces también en la hipnosis y, de seguro, también en la producción genial.

A los lectores que consideren excesivamente abstractas y puramente filosóficas nuestras interpretaciones aquí apuntadas, les brindamos la lectura de los autores e investigadores que han tratado de interpretar de un modo semimaterial los fenómenos extraordinarios e inexplicables. Dichos autores nos ofrecen, entre otras cosas, también una explicación material o semimaterial para la visión de los acontecimientos pasados, conforme se manifiesta también en nuestros ensayos psicométricos. Dicen que todo objeto conserva de algún modo su historia y las imágenes de sus propietarios; emite una especie de emanaciones que pueden ser sentidas como verdaderas imágenes por la vista espiritual de ciertas personas ("Gedankenbilder", "tought-forms", etcétera). Naum Kotik opina, más o menos, lo mismo. De idéntica manera se explican entonces también ciertos fenómenos, como apariciones de duendes o de muertos, que se aparecen a la gente en el mismo sitio.

Estas interpretaciones, que nos abstenemos de criticar, parecen ya constituir un puente que nos conduce a otra interpretación también un poco más concreta, respecto de los fenómenos ocultos. Nos referimos a la teosofía, que supone la existencia de varias esferas (astrales, mentales, etc.), las cuales han de contener antitipos del mundo y de su historia. Así, todos los fenómenos de ocultismo se explican fácilmente: determinadas personas están capacitadas para recibir impresiones procedentes de aquellas esferas superiores.

Nosotros estamos muy lejos de negar la posibilidad de semejante multiplicación de realidades. ¿Por qué no ha de ser posible? De seguro, la teoría teosófica contiene más de un detalle fundamental muy interesante y muy digno de ser tomado en consideración. Pero ello no demuestra todavía su existencia real. Mientras que carezcamos de la posibilidad de una comprobación, la teosofía o antroposofía no es más que un edificio construído con ideas, es una doctrina, si se quiere; pero no es una ciencia. Todo juicio, por acertado y exacto que sea, tiene que poder ser comprobado y demostrado, si aspira a constituir parte de un edificio científico."

Sea como fuere, añadiremos nosotros para concluir, es indudable que los fenómenos telepáticos ya son escasos los que se atreven a negarlos, y poco a poco, cuando se habrá comprendido lo que es la telepatía, se establecerá cada vez una mayor diferencia entre los hechos que demuestran su existencia y los que no lo demuestran, y dejará de emplearse el argumento de que no ocurren por la razón única de que no pueden ocurrir.

Ocurren y son la demostración de que hay algo más que la energía física en el hombre; que existe un alma inmortal y que ésta, a través del tiempo y del espacio puede comunicarse con otras a las que esté unida por la ley de simpatía, pues la simpatía y no el odio es la que ejerce la atracción necesaria para que la comunicación se establezca.

A los que objeten que en todo esto parece existir mucho de milagroso o fantástico, les diremos que conociendo la fuerza del pensamiento y las leyes que lo gobiernan, sus efectos en la vida diaria y sus admirables consecuencias, se llega prontamente a la conclusión de que su poder es ilimitado, como provinente de quien Todo lo puede.

Que esta idea penetre en vuestra mente, y el Misterio se habrá esclarecido para vosotros.